Kerstin Hack

# Liebe

schlicht + ergreifend

Dieses Buch gehört:

.....................................................................................

Down to Earth

Kerstin Hack: Liebe – schlicht + ergreifend


ISBN 978-3-86270-542-9
Bestell-Nr. 304218

Gestaltung und Satz: www.michaelzimmermann.com
Druck: Tien Wah Press (Pte) Ltd, Malaysia



Bibliografische Informationen der Deutschen Nationalbibliothek sind im Internet unter http://dnb.d-nb.de abrufbar.

Auch als E-Book bei den üblichen Anbietern und bei www.textunes.de als App für Smartphones erhältlich: ISBN 978-3-86270-544-3

# Inhalt

# Inhalt

# Einleitung

## Liebe – immer neu leben

*Es ist schon alles gesagt worden – nur nicht von allen!*
*—Karl Valentin*

■ Kann man über die Liebe eigentlich noch etwas Neues sagen? Es sind doch schon unzählige Bücher und Dramen über die Liebe geschrieben und Filme über Liebesglück und Liebesleid gedreht worden. Vom »Hohelied der Liebe« über »Romeo und Julia« bis »Tatsächlich Liebe« beleuchten unzählige Autoren der unterschiedlichsten Epochen das große Geheimnis, die große Sehnsucht der Menschen: die Liebe.
Nein, viel Originelles und Neues kann man über die Liebe kaum sagen. Das ist auch nicht der Anspruch dieses Buches. Auch das Format setzt Grenzen. Liebe von A-Z. Einige Buchstaben verweigern sich fast spröde der Zuordnung zu einem Aspekt der Liebe: X und Y – obwohl ja gerade diese beiden in den unterschiedlichen Chromosom-Kombinationen als XX und XY die Basis für die Liebe legen. Ohne sie und die Spannung, die sie in ihrer Unterschiedlichkeit erzeugen, gäbe es die Menschheit nicht – und damit auch keine Liebe zwischen uns Erdenbürgern.
Bei anderen Buchstaben bietet sich eine Vielzahl von Möglichkeiten an. Worüber soll man schreiben: A wie Anmache, Anfangen, Attraktivität oder V wie Verliebtheit, Verwirrung oder Vergebung?

Ich habe mich meist pragmatisch entschieden und den Aspekt gewählt, den ich für den hilfreichsten hielt. Denn das ist das Ziel dieses Buches: Inspiration und Anregungen zu geben, Liebe zu leben. Ganz praktisch im Alltag.
Die Impulse werden nur selten völlig neu und originell sein – auch wenn es sich um eigenes künstlerisches Schaffen und kein Plagiat handelt. Es ist einfach so, wie Salomo schon vor einigen Tausend Jahren gesagt hat: »Es gibt nichts Neues unter der Sonne.« Auch in der Liebe nicht. Es sind immer die gleichen Konstellationen und Konflikte, die uns zu schaffen machen und an die Grenzen unserer Kapazitäten bringen.
Das Gute daran ist: Gegen die gleichen alten Probleme helfen auch die gleichen bewährten Maßnahmen, Tipps und Handlungsweisen. Die besten, die ich kenne, habe ich hier aufgeschrieben. Und mit Medientipps ergänzt, wenn ihr bestimmte Themen vertiefen möchtet. Damit eure Liebe gelingt.

Das wünsche ich euch von Herzen,

*—Kerstin Hack*

# Liebe

Inspiration und Motivation

# Die Facetten der Liebe

## Begriffsklärungen

*Es gibt alle Arten von Liebe auf der Welt, aber niemals die gleiche Liebe zweimal. —Francis Scott Fitzgerald*

■ Mutterliebe, romantische Liebe, liebevolle Verbundenheit, aufopfernde Liebe, »Ich liebe Schokolade«. Ein Wort für alles, was die Liebe umfasst – das ist herausfordernd. Im Griechischen gibt es drei Worte für all das, was wir mit »Liebe« beschreiben. Ich finde diese Begriffe hilfreich, weil sie helfen, ein klareres Bild von dem zu bekommen, was Liebe umfasst.

**Eros:** Dieser Begriff ist uns durch Fremdworte wie Erotik bekannt, welche die körperliche Anziehungskraft der Liebe beschreiben. Eros wird nach Platon, der diesen Begriff geprägt hat, durch die Schönheit ausgelöst. Zuerst durch die Schönheit des Körpers, dann das Schöne in den Seelen, das Schöne in der Gemeinschaft und in der Wissenschaft und schließlich durch die Idee des Schönen schlechthin.

Die körperliche Anziehungskraft und Erotik wird als Helfer auf dem Weg der Erkenntnis gesehen – auch weil der verliebte Mensch freier ist. In gewisser Weise wird die körperliche Anziehung abgewertet. Hier unterscheidet sich die griechische Philosophie von der jüdisch-christlichen Tradition – wo etwa im Hohelied Salomos der Genuss der körperlichen Liebe in starken Bildern beschrieben und gefeiert wird.

**Philia:** Mit diesem Begriff, aus dem sich zum Beispiel das Fremdwort Philantrop – Menschenfreund – ableitet, bezeichnen die Griechen das wechselseitige Interesse an einem anderen Menschen. Sie ist in gewisser Weise abhängig von der Reaktion des anderen und von dem, was von ihm zurückkommt. Sie ist von Bedingungen abhängig: »Ich liebe dich, wenn ...« oder »Ich liebe dich, weil...«

Eng damit verknüpft ist die Liebe, die auf dem Vergnügen basiert: »Ich genieße es, Zeit mit dir zu verbringen.« Eine andere Ausprägung von Philia kann die anerkennende, wertschätzende Liebe sein. Sie beruht auf gegenseitiger Achtung. Man schätzt den anderen wert. Für Aristoteles bestand in dieser Form von Liebe die nobelste Art der Philia.

**Agape:** Der Begriff ist abgeleitet vom Verb *agapao*: »sich zufrieden geben mit etwas« und »jemanden mit Achtung behandeln, bevorzugen«. Es beschreibt die herabsteigende Liebe. Dabei handelt es sich um etwas, was der Liebende selbstlos und freiwillig tut, um den anderen zu stärken und zu erhöhen.

In diesem Sinn beschreibt das Neue Testament Gottes reine und göttliche Liebe zu den Menschen. Gott neigt sich zu ihnen herab und macht sie groß. Agape ist die bedingungslose, einseitige, befreiende, auf andere zentrierte Liebe, die aus Gott entspringt. Sie kann aber auch von Menschen gelebt und praktiziert werden – als einschließende, selbstlose, gemeinschaftliche Liebe. ■

# Ewige Liebe

## Oder: Der Gott der Liebe

*Gott ist Agape-Liebe. —Die Bibel. 1. Johannes 4,8*

■ Wie kann die Liebe anhalten, nicht nur ein paar Jahre lang, sondern für immer und ewig? Ein Leben lang? Diese Frage bewegt viele Menschen. Jeder, der liebt, kommt früher oder später an seine Grenzen. Nach einer Weile verliert der Eros etwas von seiner ursprünglichen Dynamik. Der fünfhundertste Beischlaf ist meist nicht so prickelnd wie das berühmte erste Mal. Auch der Körper, auf dem ein Großteil der erotischen Anziehungskraft beruht, lässt nach. Er ist bei älteren Paaren oft nicht mehr so leistungsfähig wie bei Mittzwanzigern. Und meistens sieht man mit siebzig auch nicht mehr so frisch und attraktiv aus wie mit siebzehn. Eros ist also gewissen Schwankungen und Abnutzungserscheinungen unterworfen.

Der freundschaftliche Aspekt der Liebe hingegen hat durchaus Wachstumspotential. Bei manchen Paaren kann man erleben, wie sie sich im Lauf der Jahre immer vertrauter geworden sind. »Ich genieße es, gemeinsam mit meinem Mann Dinge zu machen, sogar Lebensmittel kaufe ich lieber mit ihm ein als allein. Es macht einfach Spaß, zusammen zu sein.« Diesen Aspekt der Liebe kann man stärken und fördern, indem man gemeinsam Dinge unternimmt, sich regelmäßig und intensiv austauscht.

# Ewige Liebe

Von nichts kommt nichts. Das gilt auch in der Liebe. Eros und Philia sind bedingt. Ihre Stärke wird beeinflusst von Schönheit und anderen Faktoren, die verbinden. Ändern sich die Faktoren, kann das auch unsere Empfindungen gegenüber dem anderen beeinflussen. Wenn nach den Flitterwochen der nicht immer romantische Alltag einsetzt, bröckelt manchmal auch die Liebe. Man sehnt sich nach bedingungsloser Liebe und Akzeptanz, stellt aber fest, dass auch die eigene Liebe bedingt und begrenzt ist.

Wie aber kann man bedingungslose Liebe finden und leben? Von nichts kommt nichts – das gilt auch hier. Die Fähigkeit, jemanden selbstlos zu lieben, ist wahrhaft himmlisch. Sie entspringt in Gott selbst. »*Gott ist die Liebe. Und wer in der Liebe bleibt, der bleibt mit Gott verbunden*«, heißt es in der Bibel (1. Johannes 4,16). Aus dieser himmlischen Quelle fließt die Kraft, Liebe zu leben – über alle irdischen Niederungen hinweg. Das beweisen unzählige Menschen wie Mutter Teresa und andere, die selbstlos geliebt haben, weil sie von einer selbstlosen Liebe genährt wurden.

Liebe braucht alle drei Aspekte: die körperliche Anziehungskraft, die durch Fitness und sorgsamen Umgang mit dem eigenen Körper erhalten werden kann. Die freundschaftliche Liebe, die durch Gemeinsamkeiten wächst und gedeiht. Und die – menschliche Begrenzungen übersteigende – göttliche Liebe, die da beginnt, wo menschliche Liebe endet. Und die wir empfangen können – als Geschenk. ■

# Liebe braucht Vorbilder

## Wie andere uns den Weg zeigen können

*Wer liebt, ist reich. —Autor unbekannt*

■ Liebe ist ein Gefühl. Wir alle lieben die zärtlichen, romantischen und sehnsüchtigen Gefühle, die wir »Liebe« nennen. Sie sind wunderbar, auch wenn sie uns zeitweise gewaltig durcheinanderbringen. Wer verliebt ist, ist oft nicht zurechnungsfähig – so wie ein Freund von mir, der im Zustand akuter Verliebtheit an einer Hausfassade bis zum siebten Stock kletterte, um seine Angebetete zu überraschen. Beide überlebten. Er die gewagte Klettertour und sie den Schock.
Das Gefühl der Liebe ist unvorhersehbar. Plötzlich trifft einen einer von Amors Pfeilen – und dann braucht man Wochen, um die Splitter zu entfernen, wie mein Bruder es einmal formulierte. Das Gefühl der Liebe kann man nicht machen. Es ist so unberechenbar wie die Millionen von Neuronen und Hormonen, die es auslösen. Deshalb geht es hier auch nicht um Liebe als Gefühl, sondern um lieben als Verb.
Denn das Gefühl ist nur ein Aspekt der Liebe. Gefühle sind launisch und wechselhaft. Was trägt, ist die gelebte Liebe im Alltag. Aktiv lieben und liebevoll handeln kann man lernen: Jeder kann eine Haltung der Wertschätzung einüben und mit anderen Menschen liebevoll umgehen – egal ob es sich um Partner, Kinder, Freunde oder Kollegen handelt.

Hier kann es helfen, sich das Leben von Menschen anzusehen, denen es gelungen ist, mit dem Funken der ersten Liebe ein Feuer zu entfachen, das beständig weiterbrannte – ein Leben lang.
Ideal ist es, wenn die eigenen Eltern einem vorgelebt haben, wie man Liebe frisch und lebendig erhält. Da dies leider nicht immer der Fall ist, kann man sich woanders umsehen. Etwa bei Paaren im eigenen Umfeld. Du kannst die Paare befragen, die du in deinem Leben als besonders liebevoll erlebt hast, was das Geheimnis ihrer anhaltenden Liebe ist. Oder falls Fragen nicht möglich ist, kannst du selbst überlegen: Was genau hat dich an ihnen beeindruckt? Auf welche Art und Weise haben sie liebevoll gehandelt und ihre Liebe gezeigt? Und: Was könntest du von ihnen lernen? Wie könntest du die Liebe, die du bei ihnen gesehen hast, auf deine Art zum Ausdruck bringen?
Solltest du in deinem Umfeld nicht fündig werden, bieten sich Biographien von Paaren an, wie z.B. »Ein Leben – Hannelore und Helmut Schmidt«. Solche Doppelbiographien sind selten, doch können sie sehr bereichern. Wann immer du dich mit anderen Paaren auseinandersetzt, geht es nie darum, dass du genau kopierst, was sie gemacht haben. Es geht vielmehr darum, zu entdecken, wie sie auf ihre Weise ihren Weg miteinander gefunden haben. Und dann für dich oder noch besser gemeinsam mit deinem Partner zu überlegen, was ihr davon für euren Weg mitnehmen könnt. Euren ganz einzigartigen Weg der Liebe. ■

# Liebe in klassischen Texten

Das Hohelied der Liebe

**Liebe – stark wie der Tod**

Lass mich deinem Herzen nahe sein, so wie der Siegelring auf deiner Brust. Ich möchte einzigartig für dich bleiben, so wie der Siegelreif um deinen Arm. Unüberwindlich wie der Tod, so ist die Liebe, und ihre Leidenschaft so unentrinnbar wie das Totenreich! Wen die Liebe erfasst hat, der kennt ihr Feuer: Sie ist eine Flamme Gottes!

Mächtige Fluten können sie nicht auslöschen, gewaltige Ströme sie nicht fortreißen. Böte einer seinen ganzen Besitz, um die Liebe zu kaufen, so würde man ihn nur verspotten.

—Hohelied des Salomo, Kapitel 8,6-7

**Liebe ist ...**

Wenn ich in allen Sprachen der Welt, ja, mit Engelszungen reden kann, aber ich habe keine Liebe, so bin ich nur wie eine dröhnende Pauke oder ein lärmendes Tamburin.

Wenn ich in Gottes Auftrag prophetisch reden kann, alle Geheimnisse Gottes weiß, seine Gedanken erkennen kann und einen Glauben habe, der Berge versetzt, aber ich habe keine Liebe, so bin ich nichts.

Selbst wenn ich all meinen Besitz an die Armen verschenke und für meinen Glauben das Leben opfere, aber ich habe keine Liebe, dann nützt es mir gar nichts.

Liebe ist geduldig und freundlich. Sie ist nicht verbissen, sie prahlt nicht und schaut nicht auf andere herab. Liebe verletzt nicht den Anstand und sucht nicht den eigenen Vorteil, sie lässt sich nicht reizen und ist nicht nachtragend.
Sie freut sich nicht am Unrecht, sondern freut sich, wenn die Wahrheit siegt.
Liebe ist immer bereit zu verzeihen, stets vertraut sie, sie verliert nie die Hoffnung und hält durch bis zum Ende. Die Liebe wird niemals vergehen. Einmal wird es keine Prophetien mehr geben, das Reden in unbekannten Sprachen wird aufhören, und auch Erkenntnis wird nicht mehr nötig sein.
Denn unsere Erkenntnis ist bruchstückhaft, ebenso wie unser prophetisches Reden.
Wenn aber das Vollkommene da ist, wird alles Vorläufige vergangen sein.
Als Kind redete, dachte und urteilte ich wie ein Kind. Jetzt bin ich ein Mann und habe das kindliche Wesen abgelegt.
Jetzt sehen wir nur ein undeutliches Bild wie in einem trüben Spiegel. Einmal aber werden wir Gott von Angesicht zu Angesicht sehen. Jetzt erkenne ich nur Bruchstücke, doch einmal werde ich alles klar erkennen, so deutlich, wie Gott mich jetzt schon kennt.
Was bleibt sind Glaube, Hoffnung und Liebe. Die Liebe aber ist das Größte.

—1. Korinther 13

## Liebe in der Poesie

Was die Dichter sagen

Das Zauberwort der Liebe heißt: für dich!
—Johann Gottfried von Herder

Die Liebe ist so unproblematisch wie ein Fahrzeug. Problematisch sind nur die Lenker, die Fahrgäste und die Straße. —Franz Kafka

Einen Menschen zu nehmen, wir er ist, ist noch gar nichts, das muss man immer. Die wirkliche Liebe besteht darin, ihn auch zu wollen, wie er ist.
—Émile Chartier

Es gibt nichts Schöneres, als geliebt zu werden um seiner selbst willen oder vielmehr: trotz seiner selbst.
—Victor Hugo

Liebe auf den ersten Blick ist einfach zu begreifen. Aber wenn zwei Menschen sich jahrelang angeschaut haben, dann wird sie ein Wunder.
—Sam Levenson

Liebe besteht nicht darin, dass man einander ansieht, sondern dass man gemeinsam in die gleiche Richtung blickt. —Antoine de Saint-Exupéry

Gott ist Liebe. —Die Bibel

## Antworten aus der heutigen Zeit

Facebook-Umfrage von Kerstin Hack im Mai 2011

**Liebe ist ...**

... Verantwortung. —Michael Z.
... Entscheidung. —Aleko V.
... Vertrauen. —Betty F.
... gar nicht so einfach zu finden. —Kati S.
... einen Freund fürs Leben gefunden zu haben. —Gundi K.
... Hingabe. —Amy S.
... das, was mich immer wieder trägt. —Birgit B.
... die Entscheidung, die Stärken des Partners höher zu bewerten als seine Schwächen. —Beate B.
... immer bereit, zu vergeben. — Gudrun L.
... alles, was wir brauchen. —Lenna
... dem anderen dienen! —Ellie
... wenn mein Mann mir den Rücken kratzt. —Inge O.
... Freude teilen, trösten, vergeben, vor falschen Wegen warnen, sich Zeit füreinander nehmen. —Rosemarie S.
... einen Menschen auszuhalten und zu ihm zu stehen! —Norbert K.
... Treue und Verlässlichkeit. —Hartmut G.
... tiefste menschliche Berührung. —Wolfgang S.
... immer wieder neu anfangen. Vergangenes vergangen sein lassen, Verletzungen vergeben, sich neu begegnen und bereit sein, ihn kennenzulernen, mit allen Facetten. —Beat B.

# Anleitung zum Liebesunglück

26 Wege, Liebe effektiv zu zerstören

*Zu fällen einen schönen Baum,*
*braucht's eine halbe Stunde kaum.*
*Zu wachsen, bis man ihn bewundert,*
*braucht er, bedenk' es, ein Jahrhundert. —Eugen Roth*

■ Liebe braucht Zeit, um zu wachsen. Sie zu zerstören geht meist viel schneller. Einige der effektivsten Wege, um Liebe kaputtzumachen, zeigt das kleine, bissige Lexikon auf den folgenden Seiten. Die Handlungsweisen seien allen empfohlen, die wollen, dass ihr Partner sie verlässt – und zwar möglichst schnell.

**Anklage:** Sage deinem Partner möglichst oft, was er alles falsch macht. Spare nicht mit Wiederholungen. Wirf ihm alles vor – sogar Dinge, auf die er keinen direkten Einfluss hat, wie etwa deine Gefühle, Stimmungen und Launen.

**Besserwissen:** Wenn etwas schiefgegangen ist, empfiehlt es sich, dem anderen zu sagen, dass man ja vorher schon gewusst hätte, wie man es hätte besser machen können.

**Chaos:** Sorge dafür, dass in eurer Umgebung ständig Chaos herrscht: in den Finanzen, in der Wohnung. Das wird die Stimmung effektiv runterziehen.

**Drohungen:** Wenn-dann-Formulierungen sind ein effektiver Weg, die Freude und Leichtigkeit aus einer Beziehung zu verbannen. Sie sind sowohl in Form von Strafandrohungen als auch in Form von angekündigten Belohnungen wirksam.

**Eifersucht:** Nutze jede noch so kleine Gelegenheit zur Eifersucht. Mache eine Szene, sobald dein Partner mit anderen Menschen spricht – und wenn es nur dein Bruder oder deine Schwester ist. Zeige ihm, dass du Angst hast, er könnte jemand anderen besser finden als dich.

**Furcht:** Furcht und Liebe schließen sich gegenseitig aus. Pflanze deshalb möglichst bald Furcht in deinen Partner. Etwa durch Anspielungen wie »Vielleicht verlasse ich dich dann ja, wenn du nicht ...« (siehe »Drohungen«).

**Gegenleistung:** Knüpfe alles, was du für deinen Partner tust, an eine Gegenleistung. Mache Dinge keinesfalls aus Freundlichkeit, sondern nur als Tauschhandel.

**Hass:** Ignoriere alle guten Eigenschaften deines Partners. Konzentriere dich stattdessen auf seine Schwächen und beginne, ihn dafür zu hassen. Nähre die Überzeugung, dass er alles bewusst tut, um dich zu kränken.

**Indoktrinieren:** Wenn man etwas 1000 Mal gesagt hat, wird es nicht unbedingt wahrer. Aber es zeigt Wirkung. Wiederhole deine bevorzugten Thesen möglichst oft, um dafür zu sorgen, dass du kein Gehör mehr findest – selbst wenn du mal etwas anderes sagen solltest.

**Ja sagen:** Wenn du zu allem Ja und Amen sagst, auch zu Dingen, die du nicht willst, wirst du deine Liebe zum Erlöschen bringen. Und dem anderen die Möglichkeit nehmen, zu entdecken, was du tatsächlich magst.

**Kommunikations- und sonstige Verweigerung:** Antworte möglichst oft mit »Nichts«, wenn dein Partner dich fragt, was mit dir los ist. Gehe – besonders nach kritischen Situationen – dem anderen aus dem Weg und igle dich ein. Meister können das tagelang.

**Langeweile:** Sorge dafür, dass ihr immer das gleiche tut und es in eurer Beziehung keine Abwechslung gibt. Verhindere jede Form von Abwechslung oder Veränderung. Bestehe darauf, dass alles langweilig bleibt, wie es ist.

**Meckern:** Eine der effektivsten Liebes-Zerstörungstechniken. Finde möglichst viertelstündlich einen Grund, dich über etwas zu beschweren. Über Gott und die Welt und natürlich möglichst häufig über den Menschen, mit dem du zusammen bist.

**Nein:** Sage kategorisch »Nein« zu allen Vorschlägen. Schließlich willst du keine Beziehung, sondern Macht. Sage nicht nur »Nein«, sondern verweigere dem anderen generell, was er braucht. Praktische Hilfe ebenso wie körperliche Nähe. Schließlich willst du um deiner selbst willen geliebt werden, nicht für das, was du für den anderen tust.

**Ordnungshüter:** Ordnung muss sein. Trage deinem Partner alles nach: Socken, Tassen, Handlungsweisen. Sei auf keinen Fall bereit, ihm etwas nachzusehen oder gar zu verzeihen.

**Probleme wälzen:** Sollte es in eurer Beziehung einmal wider Erwarten eine entspannte Phase geben, suche umgehend nach einem Problem. Du wirst sicher eines finden, das du wälzen und somit die aufkommende Leichtigkeit wieder ersticken kannst.

**Querelen:** Trage jeden Streit gründlich aus. Gib nicht schon nach ein paar Stunden auf. Sollte eine gütliche Einigung drohen, fange einfach von vorn an und hole die ursprünglichen Vorwürfe wieder hervor.

**Rache:** Nutze jede Gelegenheit, um dich zu rächen. Der andere soll für alles büßen, was er getan hat, selbst wenn es unabsichtlich war. Setze eine sich hochschaukelnde Dynamik in Gang und steigere die Rache immer mehr.

**Sauer sein:** Sei schnell – bei jeder Kleinigkeit – sauer wie eine Zitrone und mache ein entsprechendes Gesicht. Das zieht die Stimmung prima runter.

**Traumatisieren:** Sorge dafür, dass dein Partner nachhaltig traumatisiert wird und sich ständig fürchtet, was als nächstes passieren wird. Das erreichst du am effektivsten, wenn du grundlos ausrastest und nicht mehr zu beruhigen bist und ihm keine Chance gibst, zu verstehen, was er getan hat.

**Umdeutung:** Ein effektiver Weg, den anderen zu entmutigen, ist, seine Handlungen umzudeuten. Schenkt er dir Rosen, sage schnell: »Das machst du ja nur, weil deine Mutter dir das gesagt hat.« Sollte er widersprechen und die Reinheit seiner Motive betonen, lass dich auf keinen Fall auf Diskussionen ein, sondern bleibe bei deiner Meinung.

**Vergleichen:** Vergleiche deinen Partner ständig. Achte darauf, dass du immer nach oben vergleichst: mit anderen, die klüger und schöner sind.

**Wiederholungen:** Verhindere mit allen Kräften, dass Neues und Belebendes sich in eure Beziehung einschleicht. Achte auf häufige Wiederholungen besonders ungeliebter Routinen. Das ist nicht so schnell wirksam wie einige andere Methoden, sorgt aber für eine effektive, anhaltende Zerstörung.

**X-beliebig:** Es wäre eine Katastrophe, wenn dein Partner denken oder gar spüren könnte, dass er etwas Besonderes ist. Lass ihn bei jeder Gelegenheit wissen, dass er x-beliebig ist und du jeden anderen hättest haben können, du ihn oder sie nur aus Versehen gewählt hast.

**Yeti:** Sei unauffindbar. Sage dem anderen nicht, wo du dich aufhältst und wann du zurückkommst. Warum auch? Schließlich bist du ihm keine Rechenschaft schuldig und ihn in Ungewissheit schmoren zu lassen, hat doch was.

**Zerstörung:** Wenn alle bisherigen Maßnahmen nicht helfen, zerstöre in blinder Wut die Dinge, die dem anderen wertvoll sind. Möglichst dramatisch. Oder triff ihn emotional an den Stellen, an denen er besonders empfindlich ist. Es soll sich ja schließlich lohnen und die Beziehung unwiederbringlich kaputtmachen.

Man kann – wie hier beschrieben – eine Liebe effektiv kaputtmachen. Man kann. Doch man ist keineswegs dazu verpflichtet.
Deshalb nun Impulse von A bis Z, wie man eine Partnerschaft stärken und erhalten kann. ■

# Liebe von A bis Z

Inspirierendes und Praktisches

# Annahme

## Bei dem beginnen, was ist

*Männer lieben die Frauen für das, was sie einmal waren. Frauen die Männer für das, was sie werden könnten.*
*—Autor unbekannt*

■ Lieben kann man nur, was ist. Echte Liebe gründet sich in Wahrheit. Sie nimmt wahr, was ist. Und liebt genau das. Nicht das, was war. Nicht das, was vielleicht sein könnte. Sondern das, was ist. Manche Menschen hängen an Traumbildern. Sie hoffen, dass der Traummann, die Traumfrau oder das perfekte Kind in ihr Leben kommt und sie dann bis ans Ende ihrer Tage glücklich und zufrieden sind.
Die Realität sieht anders aus. Man trifft auf Menschen, die unvollkommen sind – so wie man selbst. Die Unvollkommenheit der anderen offenbart die eigenen Empfindsamkeiten. Die sind je nach Person verschieden. Der eine findet Unordnung schrecklich, der andere kann es nicht ertragen, wenn man ihm ins Wort fällt. Doch in allen Fällen gilt: Was einen an Mitmenschen stört, sagt mehr über einen selbst aus als über die anderen. Ich zum Beispiel kann »Korinthenkacker« nicht leiden, Menschen, die jedes Wort auf die Goldwaage legen und bei denen alle Details stimmen müssen. Warum? Weil es mich stresst, wenn ich auf zu viele Details achten muss. Was mich an ihnen stört, zeigt mehr über mich als über sie.

# Annahme

Was tun? Wenn man wahrnimmt, was einen an anderen stört, kann man sich fragen: Was hat das mit mir zu tun? Auf welches – unerfüllte – Bedürfnis bei mir weist das hin? Wer mit der Unzuverlässigkeit anderer nicht gut umgehen kann, braucht vermutlich Sicherheit. Wer sich am Redefluss von Vielrednern stört, möchte vielleicht selbst gehört werden. Oder in meinem Fall: Ich brauche Hilfe bei Detailarbeit.
Die Erkenntnis: »Ah, mich stört das, weil ich ... brauche«, kann ein erster Schritt zum entspannten Miteinander sein. Denn es wird klar: Im anderen spiegle ich mich selbst und erkenne meine Bedürfnisse. Die dürfen sein. Sich selbst mit dem annehmen, was einem wichtig ist, entlastet jede Beziehung. Wer sagen kann: »Dies und jenes brauche ich, um mich sicher und wohl zu fühlen«, ist sich ein großes Stück nähergekommen – und dem anderen.
Was auch zur Entspannung beiträgt, ist die Erkenntnis: Ja, ich brauche dieses oder jenes. Doch der andere muss mir das nicht notwendigerweise geben. Vielleicht kann er das gar nicht. Nicht er oder sie ist für die Erfüllung meiner Bedürfnisse zuständig. Wenn ich Sicherheit brauche oder gehört werden möchte, kann ich meinen Partner darum bitten oder Freunde oder auch mich selbst: »Was kann ich selbst tun, um das Bedürfnis zu erfüllen?« Dann kann man auch den anderen leichter annehmen – mit dem, was er einem gerne und gut geben kann, aber auch mit dem, was für ihn nicht möglich ist. ■

## Praxistipps

- **Überlege:** Wenn du einen Menschen anblickst, den du liebst – was siehst und fühlst du?

- **Notiere:** Schreibe 50 große und kleine Dinge auf, die du an einem geliebten Menschen einzigartig findest.

- **Ansehen:** Betrachte einen vertrauten Menschen aufmerksam. Teilt euch gegenseitig mit, was ihr seht.

## Buchtipps

- Eva-Maria Zurhorst: *Liebe dich selbst und es ist egal, wen du heiratest.* Goldmann, 2009.

- Kerstin Hack: *Selbstannahme. Impulse zum entspannten Leben mit sich selbst.* Down to Earth, 2007.

# Annahme

## Dich

Dich nicht näher denken
Dich nicht weiter denken
Dich denken wo du bist
Weil du wirklich dort bist

Dich nicht älter denken
Und dich nicht jünger denken
Nicht größer nicht kleiner
Nicht hitziger und nicht kälter

Dich denken und mich nach dir sehnen
Dich sehen wollen
Und dich liebhaben
So wie du wirklich bist

Text: Erich Fried, aus: Erich Fried: Liebesgedichte. Verlag Klaus Wagenbach, 1979.

# Bitten

Die Kunst, zu sagen, was man braucht

*Wer seine Bitte nur weiß zitternd vorzutragen, lehrt den, der bittet, ihm sein Bitten abzuschlagen.* —B. H. Brockes

■ Der Klassiker: Er liebt sie. Möchte ihr das Leben mit der vielen Hausarbeit und den Kindern leichter machen. Schenkt ihr jedes Jahr zu Weihnachten und zum Geburtstag Elektrogeräte. Zehn Jahre lang.
Sie liebt ihn. Hofft auf schöne, romantische Geschenke. Schmuck. Blumen. Sagt brav »Danke«, aber grummelt innerlich, wenn sie mal wieder ein praktisches Geschenk erhält. Zehn Jahre lang. Dann sagt sie – endlich –, was sie sich wirklich wünscht.
Das ist leider nicht erfunden, sondern bittere Realität eines Paares aus meinem Bekanntenkreis. Ich kenne die Geschichte. Nachdem sie ihre Wünsche geäußert hatte, wollte er sie erfüllen – liebend gerne. Nur: Er kannte sich mit Schmuck nicht aus. Also bat er mich um Unterstützung für den Anfang.
Wie tragisch. Sie erwartete, dass er ihre Gedanken lesen könnte. Sagte nicht, was sie sich wünschte. Und wurde von Jahr zu Jahr enttäuschter, trauriger und unglücklicher. Und er fragte nicht. Sondern ging einfach davon aus, dass das, was er für praktisch und hilfreich hielt, auch ihren Wünschen und Erwartungen entsprach. So verpassten sie beide die Chance auf mehr Glück und Lebensfreude.

# Bitten

Die meisten Menschen tragen gern zum Wohlbefinden von geliebten Menschen bei, wenn sie wissen, wie. Doch oft sind die Signale, die wir dem anderen senden, zu unklar: »Du, ich bin so abgespannt.« Wir denken, der andere könne Gedanken lesen und wüsste schon genau, was wir jetzt brauchen. Das ist bei den meisten Mitmenschen in der Regel nicht der Fall. Viele nehmen eine derartige Aussage lediglich als Information wahr: »Aha, er oder sie ist müde«, nicht als Einladung, etwas für sein oder ihr Wohlbefinden zu tun.

Besser wäre es, zu sagen: »Du, ich bin so müde – es würde mir helfen, wenn du mir einen Tee kochst oder die Füße massierst. Magst du das tun?« Bei so einer Formulierung weiß der andere genau, wie er zum Wohlbefinden seines Nächsten beitragen kann. Und er kann sich dann entscheiden, ob er der Bitte nachkommt oder nicht. Das ist entscheidend am Bitten – dass es eine Bitte bleibt, die dem anderen Freiraum lässt. Keine Forderung: »Wenn du dieses nicht tust, dann verweigere ich dir jenes.« Solche Spielchen führen nur in die Sackgasse. Offene, klare Bitten helfen dem anderen, zu verstehen, was man braucht und warum und wie er das Leben bereichern kann.

Umgekehrt gilt natürlich auch: Man erfährt vieles am ehesten, wenn man fragt: »Wie geht es dir? Gibt es etwas, das ich für dich tun kann?« Selbst wenn die Antwort »Nein« ist, hat man die Beziehung gestärkt, weil der andere spürt: Ich bin ihm nicht egal. Er würde etwas für mich tun. Liebend gerne. ■

## Praxistipps

- **Überlege:** Was wünschst du dir schon lange, aber hast es bisher nicht bekommen? Wen könntest du darum bitten?

- **Frage:** Bitte jemanden, dir zu sagen, was er oder sie sich von dir wünscht.

- **Beobachtung:** Beobachte dich mal eine Weile lang selbst. Wie oft versteckst du eine Bitte in deinen Aussagen, ohne sie direkt zu äußern?

## Buchtipp

- Kerstin Hack: *Unterstützung. Impulse, Hilfe zu empfangen*. Down to Earth, 2011.

# Bitten

## Sprichworte und Zitate zu Bitten

Am besten bittet der Mensch, indem er dankt.
—Stefan Wyszynski

Arme Leute um etwas zu bitten ist leichter als Reiche.
—Anton Tschechow

Besiegt werden harte Herzen durch weiche Bitten.
—Tibull

Wer die Bitte bekümmerter Unschuld verachtet,
wird einst selbst bitten und nicht erhört werden.
—Johann Wolfgang von Goethe

Braucht's Gelegenheit zu einer Bitte?
—Gotthold Ephraim Lessing

Ihr habt nicht, weil ihr nicht bittet.
—Bibel

Wer gekratzt werden will,
muss schon sagen, wo es ihn juckt.
—Aus Indochina

Zweimal fragen, schwer zu tragen,
Zweimal bitten – das Herz zerschnitten.
—Felix Dahn

# Charakter

Worauf es im Kern ankommt

*Ein ausgeglichener Charakter entstand selten auf ausgeglichenen Wegen. —Autor unbekannt*

■ Verlieben kann sich jeder. Plötzlich im anderen den Traumprinzen oder die -prinzessin zu sehen – dazu gehört Offenheit und die berühmte Anziehungskraft. Ob aus der Begeisterung tiefe, tragende Liebe werden kann, hängt vor allem von der Reife der Partner ab. Unreife Menschen können wunderbar sein. Ich kenne unreife Menschen, die nur um sich selbst kreisen, ihre Bedürfnisse mit lautem Geschrei äußern, erwarten, dass andere alles für sie tun, und selbst keine Verantwortung übernehmen. Ich finde diese unreifen Menschen absolut bezaubernd und faszinierend – wenn es sich dabei um Babys handelt. Für sie ist unreifes Verhalten das einzig angemessene. Ihr »unreifes« Verhalten entspricht ihrem Alter und Entwicklungsstand. Nur von einer reifen Frucht erwartet man, dass sie Samen trägt, nicht von einer gerade erst aufblühenden Pflanze.

Wenn die Entwicklung gut verläuft, werden die einst unreifen Babys zunehmend Verantwortung für sich selbst übernehmen und ihr Leben gestalten. Und schließlich auch fähig sein, für andere Menschen Verantwortung zu übernehmen, für sie zu sorgen und für sie da zu sein.

## Charakter

Von Erwachsenen erwartet man zu Recht reifes Verhalten. Ab einem gewissen Alter ist es angemessen, dass Menschen auch andere im Blick haben und bereichern. Eigentlich ist Reife ein natürlicher Prozess. So wie eine Frucht ganz natürlich heranreift, wenn sie Wärme und Nährstoffe erhält, entwickeln Menschen ganz natürlich Reife, wenn die Rahmenbedingungen stimmen. Auch sie brauchen Wärme und Nahrung – sowohl für den Körper als auch die Psyche. Es ist ein offenes Geheimnis, dass das nicht immer so klappt. Es gibt – in der Kindheit, aber auch später – Phasen der Unterversorgung. Ein Mensch, der das erlebt hat, wird dazu tendieren, zu erwarten, das Fehlende noch nachgeliefert zu bekommen. Er reagiert mit Forderungen an andere, für ihn zu sorgen, für ihn da zu sein, für ihn Verantwortung zu übernehmen.

Problematisch wird es für Beziehungen und Partnerschaften, wenn Menschen im Reifeprozess steckengeblieben sind und nur um sich selbst kreisen und erwarten, dass auch alle andern das tun. Dann gibt es nur zwei Möglichkeiten: Man trennt sich von dem anderen, wenn man nicht auf Dauer mit einem selbstbezogenen, unreifen Menschen leben möchte. Oder man bittet ihn, sich mit dem Fehlenden in seinem Leben auszusöhnen, und unterstützt ihn dabei. Dazu kann auch professionelle Hilfe beitragen.

Nur Menschen, die selbst Reife entwickelt haben, können geben und bereichern – einander und andere Menschen, die ihre Unterstützung brauchen. ■

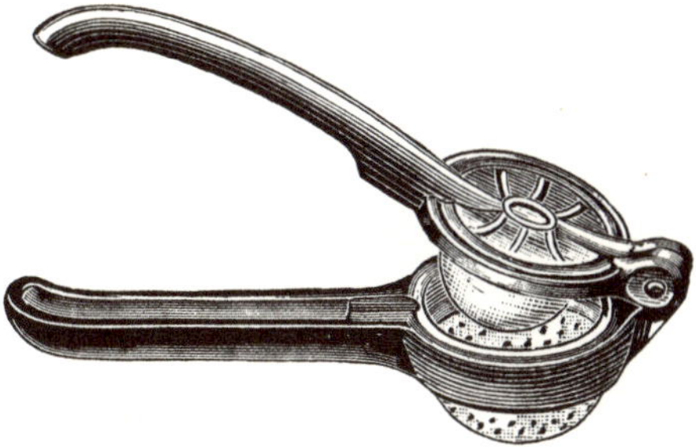

## Praxistipps

- **Beobachte:** Welche Menschen erlebst du als eher unreif? Wer strahlt für dich Reife aus? An welchen Verhaltensmustern machst du das fest?

- **Überlege:** Wo reagierst du unreif, fordernd, erwartend, die anderen müssten dir etwas geben? Auf welchen Mangel weist das hin? Wie könntest du da nachreifen?

## Buchtipps

- Kerstin Hack: *Natürlich wachsen. Impulse, Reife zu entwickeln.* Down to Earth, 2009.

- Birgit Schilling: *Stark im Glauben, fest im Leben.* SCM Brockhaus, 2011.

## Reife

Über sich selbst nachdenken,
die Wahrheit
über seine eigenen Fehler
und Mängel akzeptieren
ist der einzige Weg
zum Frieden
mit sich selbst
und zum Verständnis für die anderen.

Text: Phil Bosmans, aus: Leben jeden Tag. Herder, 1999.

## Dankbarkeit

Dinge nicht selbstverständlich nehmen

*Dankbare Menschen sind wie fruchtbare Felder, sie geben das Empfangene zehnfach zurück. —August von Kotzebue*

■ »Danke, dass du das für mich gemacht hast!« – Es nährt jede Beziehung, wenn man einander Wertschätzung entgegenbringt. Die meisten Beziehungen scheitern nicht an großen Tragödien, sondern an den kleinen Nörgeleien im Alltag. »Es ist besser, allein auf dem Dach zu leben, als mit einem ständig nörgelnden Partner im gleichen Haus«, schrieb ein Autor schon vor Tausenden von Jahren im Buch der Sprüche.
Nörgeln, Meckern und Jammern ist leicht. Wenn uns etwas nicht passt, sind wir schnell dabei, das kundzutun und den anderen anzuklagen: »Du hast hier nicht ..., du hast da ...« Solche Worte verletzen. Sie höhlen die Beziehung auf Dauer aus. Kritische Worte verunsichern. Man ist sich der Annahme und Akzeptanz des anderen nicht mehr gewiss. Häuft sich das kritische Verhalten, ist die Reaktion oft Gegenangriff oder Rückzug. Die Liebe stirbt langsam ab.
Wissenschaftler gehen davon aus, dass man sieben positive, ermutigende Botschaften braucht, um die Wirkung einer negativen, kritischen Aussage wieder auszugleichen. Damit ist die Beziehung erst auf einem neutralen Niveau angekommen – noch keineswegs im positiven Bereich.

## Dankbarkeit

Es ist besser, man baut ein Reservoir von Wertschätzung auf, indem man Dank so oft wie möglich ausdrückt. Nicht als routinemäßige Höflichkeitsfloskel, sondern von Herzen. Damit man von Herzen danken kann, ist es erst einmal nötig, Dinge von Herzen wahrzunehmen. Die Basis dafür ist, Dinge nicht als selbstverständlich anzusehen. Es ist nicht selbstverständlich, dass ein anderer Mensch uns zuhört, unterstützt, etwas Praktisches erledigt oder Zeit mit uns verbringt. Wer solche Dinge als Geschenk wahrnehmen kann, wird dem anderen viel leichter Wertschätzung ausdrücken können. Das kann man auch ganz praktisch einüben. Man kann es lernen, den Blick auf das zu richten, was der andere für einen tut, und sich dafür bedanken. Klar und konkret für die jeweilig spezifische Handlung.

Noch tiefer berührt und verbindet Dank, wenn man beschreiben kann, was die Handlung oder das Wesen des anderen für einen selbst bedeuten: »Ich bin so erleichtert, dass du die Aufgabe übernommen hast. Mich hat das entlastet.« Oder: »Wenn du mir so konzentriert zuhörst, fühle ich mich sehr geborgen und wertgeschätzt.« Oder: »Boah, tut mir das gut, wie du mich gerade berührst! Ich bin ganz elektrisiert.«

Wenn eine Beziehung voller Dankbarkeit ist, kann man auch kritische Dinge leichter ansprechen und bewältigen. Ein Hinweis auf das, was nicht so gut läuft, löst dann keine Katastrophe aus, sondern führt oft dazu, dass der andere etwas ändern möchte. ■

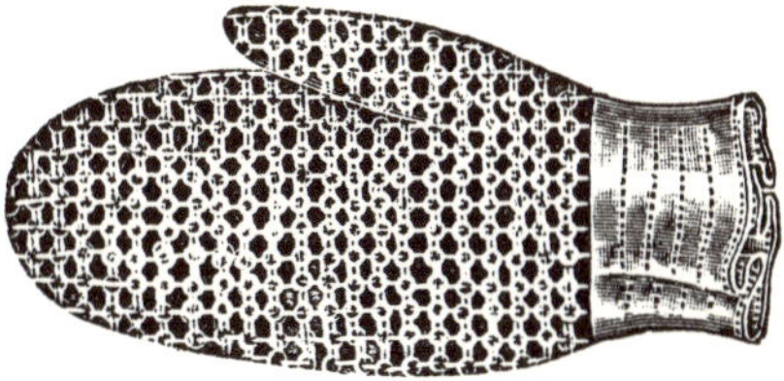

## Praxistipps

- **Überlege:** Welche Dinge und Handlungen hast du bisher für selbstverständlich gehalten – obwohl sie gar nicht unbedingt selbstverständlich sind?

- **Notiere:** Schreibe dir 20 Dinge auf, für die du einem geliebten Menschen dankbar bist. Und sage sie ihm in der nächsten Zeit.

- **Üben:** Praktiziere mal einen Tag lang, für alles, was andere für dich tun, »Danke« zu sagen. Du wirst staunen, wie viel das ist.

## Buchtipps

- Kerstin Hack: *Worte des Dankes. Zitate und Gedanken für gebende Menschen.* Down to Earth, 2010.

- Phil Bosmans: *Danke sagt mein Herz für alles Gute.* Herder, 2011.

## Verstanden

Dank ist keine Erniedrigung,
sondern ein Zeichen
hellen Verstandes,
welcher die Verhältnisse erkennt,
und ein Zeichen
eines guten Gemütes,
welches der Liebe fähig ist.
Denn wer nicht danken kann,
kann auch nicht lieben.

Text: Jeremias Gotthelf

# Ehe

Der Liebe Bestand geben

*Die Ehe ist eine auf Vernunft gegründete Lebensform, die wir aus Liebe eingehen. —Arnold Retzer*

■ Der Paartherapeut Arnold Retzer sagt – durchaus provokant –, dass Liebe und Ehe zwei widersprüchliche Systeme sind. Die Liebe beruht darauf, dass man sich eine eigene Welt schafft – eine Welt von Worten, Zärtlichkeiten, Gemeinsamkeiten, Vertrautheiten, zu der nur die beiden Liebenden Zugang haben. Geheimnisse, die nur ihnen gehören.

Die Ehe hingegen ist eine höchst öffentliche Form des Zusammenlebens. Das fängt schon mit den Formalien an, die man erledigen muss, bevor man als Ehepaar amtlich registriert ist.

Die Liebe geschieht mit einem. Sie ist etwas, das einen überkommt, gegen das man sich kaum wehren kann. Man ist Opfer der Hormone, das eigene Verhalten grenzt in Phasen akuter Verliebtheit durchaus an leichte Formen von Krankheit: Schlaflosigkeit, Phantasien, Wunschträume und Konzentrationsschwäche sind nur einige der bekanntesten Symptome.

Die Ehe hingegen ist eine geplante Entscheidung füreinander nach vorausgegangener Bedenkzeit. Durchaus praktisch und vernünftig: Sicherheit und Zugehörigkeit gehören ebenso zu den Vorteilen, die sie bietet, wie Steuerersparnis und praktische Unterstützung.

Selbst Menschen, die sich nicht fürs Heiraten entscheiden, werden früher oder später erleben, dass ihre Beziehung und ihr Miteinander feste Formen annehmen: Der eine ist für dies zuständig, die andere für jenes. Man hat feste Plätze für Zahnpasta, Kleidungsstücke und das Arbeiten. Es gibt in jeder Lebensgemeinschaft ausgesprochene oder unausgesprochene Regeln, die Sicherheit und Geborgenheit geben. Man weiß, wie die Dinge laufen.
Retzer schätzt diese Aspekte der Ehe und sagt ganz klar: »Eine Liebesbeziehung ist mit dem Leben in all seinen Realitätsaspekten nicht vereinbar. Ein gemeinsames Leben fordert eine lebensfähige Organisation, eine Institution. Aus der Liebe lässt sich keine Institution machen.« (Lob der Vernunftehe, S. 40)
Er schätzt sowohl die unvernünftige Liebe, die alles durcheinanderbringt, als auch die vernünftige Ehe, die alles ordnet. Und plädiert leidenschaftlich dafür, die Ehe nicht mit unzulässigen Erwartungen zu überfrachten. Er ermutigt dazu, sie als das zu sehen, was sie ist: eine Form, um das Zusammenleben zweier Menschen zu regeln – oder mehrerer Menschen, falls noch Kinder dazukommen. Das Schöne dabei: Dort, wo man die Ehe ganz nüchtern als das sieht, was sie ist – eine rationale Entscheidung für ein festes Miteinander –, entsteht ein fester Rahmen. Und innerhalb dieses Rahmens kann man dann ganz schön verrückt sein. Wild. Leidenschaftlich. Und etwas durcheinander. So wie Liebe eben ist. ■

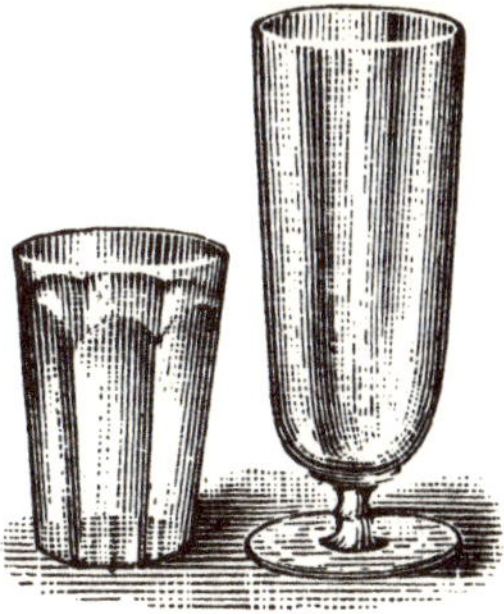

## Praxistipps

- **Überlege:** Was sind deine Erwartungen an die Ehe? Welche davon hältst du für realistisch?

- **Beobachte:** Welche Ehen faszinieren dich? Was genau findest du daran beachtenswert?

- **Einblick:** Bitte Menschen, die eine gute Ehe führen, dir Einblick in ihr Miteinander zu geben. Oder lies Biographien von Paaren.

## Buchtipps

- Arnold Retzer: *Lob der Vernunftehe. Eine Streitschrift für mehr Realismus in der Liebe.* S. Fischer, 2009.

- Jens Meyer-Odenwald: *Ein Leben – Hannelore und Helmut Schmidt: Ein Leben.* Hamburger Abendblatt, 2011. (Biographie)

## Modernes Märchen

Sie waren so sehr ineinander verliebt,
wie es das nur noch in Büchern gibt.
Sie hatte kein Geld. Und er hatte keins.
Da machten sie Hochzeit und lachten sich eins.
Er war ohne Amt. So blieben sie arm.
Und speisten zweimal in der Woche warm.
Er nannte sie trotzdem: »Mein Schmetterling«.
Sie schenkte ihm Kinder, so oft es nur ging.
Sie wohnten möbliert und waren nie krank.
Die Kinder schliefen im Kleiderschrank.
Zu Weihnachten malten sie kurzerhand
Geschenke mit Buntstiften an die Wand.
Und aßen Brot, als wär's Konfekt,
und spielten: Wie Gänsebraten schmeckt.
Dergleichen stärkt wohl die Phantasie.
Drum wurde der Mann, blitzblatz! ein Genie.
Schrieb schöne Romane. Verdiente viel Geld
und wurde der reichste Mann auf der Welt.
Erst waren sie stolz. Doch dann tat's ihnen leid,
denn Reichtum schadet der Heiterkeit.
Sie schenkten das Geld einem Waisenkind.
Und wenn sie nicht gestorben sind ...

Text: Erich Kästner, aus: Sylvia List (Hg): Das große Erich Kästner Buch. Atrium-Verlag, 2002.

# Freiheit

## Die Kunst, dem anderen Raum zu geben

*Man kann in wahrer Freiheit leben und doch nicht ungebunden sein. —Johann Wolfgang von Goethe*

■ Zwang ist immer Ausdruck von Unsicherheit. Herrscher, die sich nicht sicher sind, ob die Menschen ihren Führungsstil schätzen, herrschen mit Macht und Unterdrückung. Das Erste, woran die Untertanen beschnitten werden, sind Meinungsfreiheit und Pressefreiheit. Mit Unterdrückung kann man Angst erzeugen, aber keine Liebe.

Furcht und Liebe schließen sich gegenseitig aus. In dem Raum, der von Liebe eingenommen wird, hat Furcht keinen Platz. Und umgekehrt. Oft meinen wir, mit kontrollierenden Verhaltensmustern Sicherheit zu gewinnen. Wir denken, der andere würde tun, was wir möchten, wenn wir versuchen, es zu erzwingen. Doch das Gegenteil ist der Fall. Fühlt jemand sich kontrolliert und eingeengt, wird er sich vom anderen wegbewegen. Er ergreift die Flucht.

Was aber soll man tun, wenn man sehnsüchtig will, dass der andere etwas tut? Oder fürchtet, etwas nicht zu bekommen? Der erste Schritt könnte sein, sich einzugestehen: Ja, das brauche ich. Ich bin hungrig nach Wertschätzung und Aufmerksamkeit. Ich sehne mich gerade nach Zärtlichkeit. Ein paar wertschätzende Worte würden mir jetzt wirklich guttun.

Anzuerkennen, was ich brauche, und mir zu erlauben, das zu wünschen, ist der erste Schritt zur Freiheit. Der zweite Schritt besteht darin, die Erwartung zu lösen, dass der andere mir das geben muss.

Aber wer denn dann? Gute Frage. Fast jedes Bedürfnis kann auf vielfältige Art und Weise erfüllt werden. Die ersehnte Massage muss nicht unbedingt der Partner schenken und liebevolle Zuwendung oder praktische Hilfe können auch von anderen Menschen erbeten werden. Aber natürlich auch von dem Menschen, den man liebt. Zu bitten und gleichzeitig zu signalisieren: »Du kannst diesen Wunsch erfüllen, aber du musst nicht«, schenkt große Freiheit.

Sagt der andere dann »Nein«, kann man das auf sich beziehen: »Oh, er liebt mich nicht.« Gesünder für die Beziehung ist es jedoch, wenn man das nicht tut. Sein Nein heißt nicht: »Ich liebe dich nicht.« Sondern nur: »Jetzt gerade ist mir etwas anderes wichtiger, als dies oder jenes für dich zu tun.« Was der andere tut oder nicht tut, macht er in der Regel für sich – nicht gegen dich. Egal ob es sich um Sport, Treffen mit Freundinnen oder das Verkriechen hinter der Zeitung handelt – wenn man diese Dinge tut, will man damit ein eigenes, berechtigtes Bedürfnis erfüllen. Man tut es meist nicht, um den anderen absichtlich zu ärgern.

Ihm oder ihr die Freiheit zu lassen, Dinge für sich zu tun, gibt der Beziehung Raum zum Atmen. Und schenkt die Möglichkeit, dann auch Dinge für den anderen zu tun – freiwillig und gerne. ■

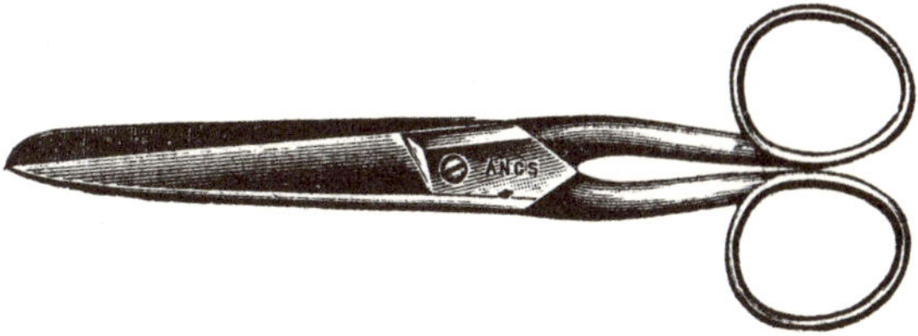

## Praxistipps

- **Überlege:** Wo wünschst du dir, dass ein anderer Mensch dir mehr Freiheit lässt? Wann fühlst du dich eingeengt?

- **Übe:** Gib dem anderen bewusst in einem Bereich Freiheit, in dem dir das bisher schwerfiel.

- **Festhalten:** Merke dir den Satz: »Was der andere tut, tut er für sich – nicht gegen mich.« Und erinnere dich, wenn nötig, daran.

## Buchtipp

- Virgina Satir: *Kontakt finden und Vertrauen gewinnen.* Kösel, 2010.

## Freiraum

Ich will
dich lieben, ohne dich einzuengen;
dich wertschätzen, ohne dich zu bewerten;
dich ernst nehmen, ohne dich auf etwas festzulegen;
zu dir kommen, ohne mich dir aufzudrängen;
dich einladen, ohne Forderungen an dich zu stellen;
dir etwas schenken, ohne Erwartungen daran zu
knüpfen;
von dir Abschied nehmen, ohne Wesentliches
versäumt zu haben;
dir meine Gefühle mitteilen, ohne dich für sie
verantwortlich zu machen;
dich informieren, ohne dich zu belehren;
dir helfen, ohne dich zu beleidigen;
mich um dich kümmern, ohne dich verändern zu
wollen;
mich an dir freuen, so wie du bist.

Wenn ich von dir das Gleiche bekommen kann,
dann können wir uns wirklich begegnen und uns
gegenseitig bereichern.

Autor unbekannt

# Gemeinsamkeiten

Dinge zusammen tun und erleben

*Es kommt in der Liebe nicht darauf an, dass man einander ansieht, sondern dass man in die gleiche Richtung blickt.*
*—Antoine de Saint-Exupéry*

■ »Weißt du noch?« Es gibt nur wenige Dinge, die einer Beziehung so viel Kraft geben, wie etwas gemeinsam zu erleben und sich später daran zu erinnern. In schillernden Farben ausgeschmückt. Der Paartherapeut Arnold Retzer sagt, dass man das drohende Scheitern einer Beziehung daran erkennen kann, dass die Partner keine gemeinsamen Geschichten und Erlebnisse mehr erzählen. Aber so weit muss es ja nicht kommen. Besser ist, man entfremdet sich gar nicht erst, sondern erlebt gemeinsam etwas. Und zwar möglichst oft. So dass man aus einem reichen Schatz geteilter Erlebnisse schöpfen kann.
Gut haben es die Paare, die ohnehin schon gerne in ihrer Freizeit das Gleiche tun, sich vielleicht sogar über Freizeitaktivitäten kennen gelernt haben. Wenn das nicht so ist, kann es ja noch werden. Gemeinsamkeiten kann man entwickeln – zumindest wenn man nicht so grundverschieden ist, dass der eine lieber wild tanzt, während die andere am liebsten in Ruhe ihre Briefmarken sortiert. Aber selbst da sind der Kreativität keine Grenzen gesetzt – vielleicht findet man ja doch etwas, das man gerne zusammen tut.

## Gemeinsamkeiten

Gemeinsame Aktivitäten stärken und verbinden. Das können neben außergewöhnlichen Unternehmungen durchaus auch regelmäßige Aktivitäten sein. Miteinander Joggen und die gemeinsame Gartenarbeit können ebenso verbinden wie das Singen im selben Chor oder Spaziergänge. Wichtig ist, dass man zusammen ist und Dinge miteinander teilt. Wer solche festen Termine mit dem Partner hat, kann sich schon Tage vorher darauf freuen – auch das stärkt die Beziehung.

Kein Paar lebt in einer abgeschlossenen Welt nur für sich – auch wenn Frischverliebte manchmal den Anschein erwecken. Die Liebe zwischen Menschen wird gestärkt, wenn sie auf dieser Welt etwas gemeinsam verändern und verbessern. Das gilt nicht nur für Teams, Familien, Gruppen und Gemeinden – sondern eben auch für Paare. Das gute Gefühl, miteinander etwas für andere zu tun, verbindet tief, egal ob es sich um regelmäßiges gemeinsames Engagement in der eigenen Umgebung handelt oder um einen Hilfseinsatz anstelle eines klassischen Erholungsurlaubs. Ganz nebenbei entdeckt man bei solchen Unternehmungen auch ganz neue, faszinierende Seiten am anderen.

Wenn man das Passende noch nicht gefunden hat, kann man überlegen: Was können wir gut? Wo liegen unsere Stärken? Womit können wir anderen etwas Gutes tun? Was würden wir gerne in der Welt verbessern? Und dann loslegen. Gemeinsam. ■

## Praxistipps

- **Überlege:** Welche gemeinsamen Erlebnisse hast du als besonders verbindend und schön in Erinnerung? Was hat sie ausgezeichnet? Wie könntest du das wiederholen?

- **Notiere:** Erstelle – am besten zusammen mit deinem Partner – eine Liste mit möglichen gemeinsamen Aktivitäten. Damit du sie im Bedarfsfall griffbereit hast.

- **Überraschung:** Überrasche einen geliebten Menschen mit einer Aktivität, die du für euch zusammen planst.

## Medientipps

- Sabine Lohf: *Komm, wir gehen raus. Mit Kindern aktiv sein.* Kösel 2010

- Reiseführer, Städteführer, Internetseiten zum Thema Aktivitäten und Unternehmungen.

## Zwei gehen aufeinander zu

Zwei Menschen finden sich
aus vier Milliarden.
Er und sie,
Abgrund neben Abgrund, zwei Menschen.
Sie werden erst.
Sie sind nie ganz.
Sie zeigen Mut.
Sie sagen ja.
Das schließt das Credo ein.
Sie begrenzen sich mit ihrem Ja
und hoffen, durch Begrenzen
in die Tiefe vorzustoßen.
Sie werden an kein Ende kommen.
Denn sie werden erst.
Bis sie ganz sind,
braucht es eine Ewigkeit.

Text: Martin Gutl, aus: Der tanzende Hiob. Styria, 1992.

## Höhepunkte

Das Leben fröhlich feiern

*Zu viel des Guten kann wunderbar sein. —Mae West*

■ Während des Schreibens erlebte ich eine festliche Woche. Innerhalb von nur fünf Tagen feierte ich fünf große Anlässe. Zuerst Weihnachten – mit reichlicher Verspätung, da die vielbeschäftigten Mitglieder eines Redaktionsteams, zu dem ich gehöre, keinen früheren möglichen Termin gefunden hatten. Dann Karfreitag, eine Hochzeit, Ostern und meinen eigenen Geburtstag. Jedes Fest hatte seine ganz eigene Prägung. Die kirchlichen Feste hatten eher besinnlichen Charakter. Ich nahm mir Zeit, über die Aspekte des Glaubens nachzudenken, die an den jeweiligen Festtagen besonders betont werden. Die privaten Feiern hingegen waren geprägt von Begegnung, Freude am Miteinander und leckerem Essen.

Jede Feier stärkt Beziehungen. Deswegen laden wir andere Menschen ein, mit uns zu feiern. Das gemeinsame Erleben eines Höhepunktes im Leben schafft Verbindung und Erinnerungen. Es symbolisiert: Wir gehören zusammen und teilen das Leben miteinander. Das trifft sogar dann zu, wenn das, was man feiert, einen traurigen Anlass hat, etwa einen Abschied oder gar einen Todesfall. Auch hier schafft das gemeinsame Erleben Verbindung und Trost. Man erfährt: Ich bin nicht allein. Andere teilen mein Leid.

# Höhepunkte

Feiern kann man die besonderen Anlässe, die sich ergeben. Oder man schafft selbst welche. Gründe zum Feiern gibt es genug, wenn man sie entdecken will: eine bestandene Prüfung, eine überstandene Krankheit, ein Fortschritt in einem Prozess. Oder eine schwierige Situation, aus der man das Beste gemacht hat. Man kann sie feiern, indem man sich eine kulinarische Spezialität gönnt, etwas Außergewöhnliches unternimmt oder einen besonderen Ort aufsucht.

Auch im Alltag kann man kleine Höhepunkte feiern und dafür sorgen, dass einzelne Momente haften bleiben. Der gemeinsam vor dem Fernseher verbrachte Abend hat nur geringe Chancen, als besonders eindrücklich in die Erinnerung eines Paares einzugehen. So gemütlich das auch sein mag. In Erinnerung behalten wir eher Dinge, die sich vom Alltäglichen abheben. Meist sind die mit etwas Mühe verbunden.

Eine frühmorgendliche Wanderung oder ein gemeinsamer Tanzabend erfordern, aus der Bequemlichkeit des Alltags auszubrechen. Dafür wird man mit Bildern, Erinnerungen und guten Emotionen beschenkt, die man abspeichern kann. Das Vogelgezwitscher in den Morgenstunden, der Nebel auf den Feldern oder auch die erfolglosen Versuche, dem anderen nicht auf die Füße zu treten. Weil nicht jeder superspontan ist, macht es Sinn, eine Liste mit beziehungsstärkenden Aktivitäten zu erstellen und möglichst griffbereit zu haben. Dann kann man feiern, was und wann man will. ■

## Praxistipps

- **Überlege:** Welche Feste sind dir als besonders eindrücklich in Erinnerung geblieben? Was hat sie ausgezeichnet?

- **Notiere:** Was gibt es in deinem oder eurem Leben gerade zu feiern? Wie könntest du ein Fest dazu gestalten?

- **Erinnerung:** Betrachtet die Bilder von gemeinsamen Aktivitäten und tauscht Erinnerungen aus.

## Buchtipps

- Beate Handler: *Mit allen Sinnen Leben. Tägliches Genusstraining*. Goldberg, 2008.

- Bianka Bleier: *Das Leben feiern*. SCM Collection, 2010.

## Begeisterung

Glaube mir,
dass eine Stunde der Begeisterung
mehr gilt als ein Jahr
gleichmäßig und einförmig dahinziehendes Lebens.

Die Ruhe ist dein Feind,
sie ist mein Feind,
ist der aller Menschen
– ich meine die Ruhe der untätigen Behaglichkeit.
Ohne Streben kein Erfolg,
ohne Feuer kein Brand!

Text: Christian Morgenstern

# Investieren

## Die Freude, aktiv zu werden

*Was Menschen säen, werden sie ernten. —Jesus*

■ »Vun nix kütt nix«, sagt der Kölner. »Von nichts kommt nichts.« Das gilt auch für die Liebe. Liebe wächst, wenn Menschen Zeit und Vertrauen investieren und die Beziehung pflegen. Es ist für keine Beziehung gesund, wenn auf Dauer nur einer investiert, aber einer muss den Anfang machen. Warum nicht du?

Beziehungen brauchen Zeit und Muße, um zu entstehen und lebendig zu bleiben. An der Wand meines Büros steht: »Nur wenige Menschen wünschen sich mit siebzig, sie hätten mehr Zeit im Büro verbracht.« Das erinnert mich daran, dass es zwar schön ist, zu arbeiten und zu gestalten, aber Leben und Begegnung meist vor der Bürotür stattfindet.

Es kostet Energie und Mut, die eigenen Prioritäten, z. B. Zeit für Beziehungen, gegen den inneren und äußeren Druck durchzusetzen. Zu gehen, auch wenn noch nicht alle Arbeit getan ist, weil man weiß, dass es morgen wieder so sein wird. Und übermorgen. Und den Tag danach. Wenn man nicht klar entscheidet: »Ich will in unsere Beziehung investieren!«, werden sich immer andere, scheinbar dringendere Dinge nach vorn drängen. Um dagegen anzugehen, hilft es, sich regelmäßig zu fragen: Was ist mir wirklich wichtig? Und wie schaffe ich Raum dafür?

Zeit allein nützt nichts, wenn du in Begegnungen ständig mit anderen Gedanken beschäftigt bist. Versuche, vor Treffen bewusst abzuschalten und loszulassen und dich ganz auf den Menschen einzulassen, dem du begegnest.
Dazu gehört auch, den anderen wirklich kennen zu lernen. Habe offene Augen und beobachte: Was mag er oder sie? Was freut ihn? Wann leuchten ihre Augen? Wenn du das wahrnimmst, dann zeige Anteilnahme an dem, was den anderen bewegt. Höre zu, frage nach und lass dich auf seine Interessen ein.
Und stelle Fragen. Es gibt immer wieder Neues am anderen zu entdecken. Ein befreundetes Ehepaar nahm auf eine Radtour das Impulsheft »Entdecker-Fragen« mit. Voller Erstaunen stellten sie fest, dass sie Dinge voneinander erfuhren, die sie auch nach über 20 Jahren Ehe noch nicht wussten.
Initiative zu ergreifen bedeutet auch, aktiv zu werden. Es kann heißen, sich etwas einfallen zu lassen, was man miteinander unternehmen kann. Es kann bedeuten, sich Gedanken zu machen, wie man die Beziehung beleben kann. Und nicht zu warten, bis der andere die Initiative ergreift. Werde selbst aktiv und sorge für die eine oder andere Überraschung.
Das Schöne ist: Man wird obendrein selbst beschenkt. Dort, wo man sät, wird man ernten. Wo man aktiv wird, die Initiative ergreift und Erlebnisse, Aufmerksamkeit und Anteilnahme sät, wird die Ernte reich ausfallen – so reich, wie man gesät hat. ■

## Praxistipps

- **Überlege:** Was könntest du tun, um eure Beziehung zu beleben? Vielleicht kannst du z. B. durch Fragen etwas Neues über deinen Partner erfahren.

- **Rollentausch:** In Beziehungen gibt es meist einen aktiveren und einen weniger aktiven Part. Tauscht bewusst für einige Zeit die Rollen. Lasst euch überraschen.

- **Pflanzen:** Säe heute Samen aus. In einem Blumentopf oder der freien Natur. Was brauchen sie, um gut zu wachsen?

## Buchtipps

- Kerstin Hack: *Entdecker-Fragen. Impulse, andere Menschen kennen zu lernen.* Down to Earth, 2007.

- Edward Hallowell: *Liebe in Zeiten der Ablenkung. Erste Hilfe für gestresste Paare.* Rowohlt 2011

## Ein Lächeln

Aus jedem Samen, den du säst,
sollen wunderschöne Blumen werden,
auf dass sich die Farben der Blüten
in deinen Augen spiegeln und
dir ein Lächeln aufs Gesicht zaubern.

Irischer Segenswunsch

# Ja sagen

## Einander annehmen und stärken

*Liebe ist der Entschluss, das Ganze eines Menschen zu bejahen, die Einzelheiten mögen sein wie sie wollen. —Otto Flake*

■ Millionen von Menschen aus aller Welt sahen zu, als sich Prinz William von England und Catherine Middleton im April 2011 das Ja-Wort gaben.
Was ist so besonders an diesen zwei Buchstaben (oder im Englischen fünf: »I will«), dass sie bei jeder Trauung erneut zu Tränen rühren und Millionen von Menschen sie sehen und hören wollen?
Es sind wohl weniger die Worte als das, was dahintersteht: die Zusage, den anderen zu bejahen und zu ihm zu stehen. Das Versprechen, in guten wie in bösen Tagen an seiner Seite zu sein und sich gegenseitig zu stärken. Jeder Mensch braucht es, dass andere ihm sagen: »Ja, ich will – dich. So wie du bist, nehme ich dich an. So wie du bist, stehe ich zu dir. So wie du bist, gehe ich mit dir.«
Und jede Liebe, die auf Dauer leben will, braucht dieses ganz grundsätzliche Ja zueinander. Man nimmt den anderen an, so wie er ist. Ganz. Anders gibt es ihn nicht. Das Ja akzeptiert die Realität. Es heißt nicht, dass man jede Eigenschaft des Partners fantastisch finden muss – das wäre unrealistisch. Aber in dem Ja steckt die Entscheidung, zu dem anderen Menschen zu stehen.

## Ja sagen

Ein echtes Ja ist bedingungslos. Es ist nicht an die Umstände, an Gesundheit, Krankheit, schöne und weniger schöne Zeiten geknüpft. Es liegt vielmehr in der Entscheidung begründet, voll und ganz zu dem anderen zu stehen. Das »große« Ja kann und darf immer wieder erneuert werden, wenn man der Liebe Bestand schenken will. In den Widrigkeiten des Alltags sieht man am anderen viele Dinge, die eher ein Nein hervorrufen: die eine oder andere Macke des Partners. Die ewig offene Zahnpastatube, schlechte Angewohnheiten oder fehlendes Einfühlungsvermögen. Die Liebe gerät ins Wanken, wenn man aus dem Blick verliert, dass das Ja sich nicht in der Perfektheit des Partners gründet, sondern in der eigenen Entscheidung für ihn in seiner Gesamtheit.
Vielleicht rührt uns das »Ja« bei Hochzeiten so sehr, weil es etwas Göttliches hat. Es erinnert uns, dass ein für immer und ewig verlässlicher Partner uns einen ewigen, unverbrüchlichen Bund für alle Zeit und Ewigkeit anbietet. Nicht weil wir perfekt sind – wir alle sind weit davon entfernt –, sondern weil der Höchste selbst uns zutiefst liebt.
In einer Partnerschaft ist es wichtig, sich zu erinnern, dass das Ja zum anderen nicht in dessen Wohlverhalten begründet liegt, sondern im eigenen Entschluss, zu ihm oder ihr zu stehen. Ein solches bedingungsloses Ja bildet das Fundament einer tragfähigen Partnerschaft – auch wenn es nicht so pompös gefeiert wird wie in England anno 2011. ■

## Praxistipps

- **Überlege:** Wo empfindest du ein »Nein« im Detail, kannst aber zum großen Ganzen »Ja« sagen?

- **Zusagen:** Sage einem anderen Menschen dein »Ja« ganz neu und bewusst zu.

- **Umkehren:** Wo hast du innerlich dein »Ja« etwas gelöst wie eine Schnur, die dir fast aus der Hand geglitten ist? Nimm es wieder auf. Vielleicht auch symbolisch.

## Medientipps

- Nicole Schenderlein: *Hochzeitsplaner. Alles Wichtige für den großen Tag.* Down to Earth, 2009.

- Filme über das »Ja-Sagen«. Eine Auswahl von Liebesfilmen ist im Anhang (Seite 137) zu finden.

## Erfüllendes Jasagen

Das innerste Wesen der Liebe ist Hingabe. – Verlangen, Wollen und Liebe haben alle gemeinsam, dass sie ein Gut bejahen.

Die Hingabe zielt auf Einswerden, sie kommt erst zur Vollendung durch Annahme von Seiten der geliebten Person. So fordert die Liebe zu ihrer Vollendung die Wechselhingabe der Personen.

Und nur so kann die Liebe auch volles Jasagen sein, weil eine Person sich der anderen nur in der Hingabe erschließt.
Nur im Einswerden ist eigentliche Erkenntnis von Personen möglich. Die Liebe in dieser höchsten Erfüllung schließt also die Erkenntnis ein.

Sie ist zugleich Empfangen und freie Tat.
So schließt sie auch den Willen ein und ist Erfüllung des Verlangens.

Text: Edith Stein, aus: Christian Leves (Hg): Worte zum Wohlfühlen. Herder, 1999.

# Kommunikation

Die Kunst, miteinander zu reden

*Verstehen ist nicht möglich. Nur mehr oder minder hilfreiches Missverstehen. —Steve de Shazer*

■ Ein altes Paar sitzt an einem Tisch. Sie zu ihm: »Sag was!« Er: »Nö.« Eine Postkarte mit diesem Motiv hängt an meiner Wohnungstür und amüsiert mich immer wieder aufs Neue. Sie bringt deutlich zum Ausdruck, wie Kommunikation misslingen kann. Der Mensch kommuniziert von Anfang an. Schon im Mutterleib reagieren wir. Später lernen wir, uns durch Schreien, Gesten und schließlich durch Worte auszudrücken. Ein Leben lang erweitern und verändern wir ständig unser verbales und nonverbales Vokabular und unsere Fähigkeit, uns auszudrücken. Kommunikation ist ein lebenslanger Lernprozess und unsere Lebenszufriedenheit hängt stark vom Gelingen oder Misslingen unserer Kommunikation ab.

Kommunikation ist so vielfältig und allumfassend, dass es unmöglich ist, ihren Reichtum in allen Facetten in diesem Rahmen zu beschreiben. Doch gibt es einige Schlüssel für erfolgreiche Kommunikation. Wenn du sie beherrschst, kannst du viele Missverständnisse und Konflikte vermeiden. Du kannst Gedanken klarer zum Ausdruck bringen, wirst besser verstanden und erlebst tiefere Begegnungen mit anderen.

# Kommunikation

Ein Schlüssel für gute Kommunikation ist, klarzustellen, was tatsächlich kommuniziert wurde. Häufig wurde nur die eine Hälfte gesagt, die andere einfach hinzugedacht. Der Verhaltensforscher Konrad Lorenz soll die Ebenen, auf denen Kommunikation gelingen oder misslingen kann, einmal so beschrieben haben:
*Gedacht heißt nicht immer gesagt.*
*Gesagt heißt nicht immer gehört.*
*Gehört heißt nicht immer verstanden.*
*Verstanden heißt nicht immer einverstanden.*
*Einverstanden heißt nicht immer angewendet.*
*Angewendet heißt noch lange nicht beibehalten.*
Auf den klassischen Apell »Der Müll steht hier noch rum!« angewandt, kann die Nicht-Reaktion des anderen bedeuten, dass man versäumt hat, überhaupt laut etwas darüber zu sagen. Oder der andere es nicht gehört oder nicht verstanden hat, dass man ihn damit zum Handeln aufgefordert hat. Oder er hat es verstanden, ist aber nicht unbedingt damit einverstanden, etwas zu tun. Selbst wenn er theoretisch einverstanden ist, könnte es immer noch gewisse Schwierigkeiten bereiten, sich tatsächlich vom Sofa zu erheben – geschweige denn, es öfter zu tun.
Man muss es nicht unnötig verkomplizieren – oft gelingt Kommunikation ja erstaunlich gut. Wenn nicht, sind die Lorenz'schen Ebenen ein gutes Raster, um zu sehen, auf welcher Ebene es schiefgegangen sein könnte. Und es dann das nächste Mal besser zu machen. Gut Kommunizieren kann man ja lernen. ■

## Praxistipps

- **Überlege:** Auf welchen Ebenen scheitert eure Kommunikation am häufigsten? Was könntet ihr tun, um solche Kommunikations-Pannen zu reduzieren?

- **Beobachte:** Achte auf deine eigene Kommunikation und die von anderen Menschen. Wo läuft es schief? Wie könnte es vermieden werden?

- **Feiern:** Feiere es mit deinem Partner, wenn Kommunikation gut gelingt und ihr euch tief versteht.

## Medientipps

- Damaris Graf: *Gut kommunizieren. Training für bessere Beziehungen*. Down to Earth, 2009.

- Videos von Marshall Rosenberg – einem Meister der Kommunikation. Auf www.youtube.com

### Kommunikative Liebe

Wir lieben uns, wenn wir ebenso gut zuhören
– wie offen miteinander sprechen;
wenn wir ein Auge haben für den anderen
– und Augen zudrücken können;
wenn wir Wahrheit sagen und Liebe
– und über Fehler schweigen;
wenn wir ebenso freudig geben
– wie wir dankbar empfangen;
wenn wir uns ehrlich entschuldigen
– und ebenso aufrichtig verzeihen;
wenn wir eine eigene Meinung haben
– und andere Meinungen achten;
wenn wir uns freuen über ein gutes Wort
– und mit Lob und Dank nicht sparen;
wenn wir den anderen gerecht werden wollen
– auf eigenes Recht aber verzichten können;
wenn wir uns helfen lassen
– und die Last der anderen tragen helfen.

Text: Theo Schmidkonz, aus: Miteinander auf dem Weg –
Ein Wegbegleiter für Brautpaare und Ehepaare. EOS-Verlag,1994.

# Loslassen

Kopf und Herz füreinander freibekommen

*Wir glauben, was wir sehen. Leider sehen wir nur, was wir glauben. —Peter Atteslander*

■ Wer wirklich Beziehung leben will, muss loslassen. Zunächst andere Aktivitäten. Liebe wächst da, wo wir einander ungeteilte Aufmerksamkeit schenken. Das bedeutet, sich von Aktivitäten und Gedanken zu lösen, die Zeit und emotionale Energie rauben, und stattdessen mehr Raum für Begegnungen zu schaffen.
Doch noch wichtiger als der äußere Raum ist der innere. Es ist verrückt, aber wahr: Nur wenn wir innerlich loslassen, können wir uns auf die Begegnung mit einem anderen Menschen einlassen. Um lieben zu können, ist es notwendig, vieles loszulassen, das uns den Blick auf den anderen versperrt. Vorurteile und rosarote Vorstellungen verzerren. Wir sehen nicht mehr, wer und wie der andere tatsächlich ist. Wir haben feste Bilder von anderen, die auf ihrer Herkunft, ihrem Geschlecht, ihren körperlichen Merkmalen oder unseren bisherigen Erfahrungen basieren. »Typisch Mann!«, »Typisch Frau!«, »Typisch deutsch!«, denken und sagen wir. Die festen Bilder im Kopf verhindern, dass wir einander umfassend wahrnehmen. Zum Lieben gehört, andere immer wieder mit neuen Augen zu betrachten. Wie ist er oder sie wirklich? Und sich überraschen zu lassen.

# Loslassen

Lösen kann und sollte man sich auch von Erwartungen an das Verhalten des anderen. Menschen sind frei und verhalten sich oft anders, als wir es erwarten. Das kann irritierend oder verletztend sein. Die Würde des Mitmenschen zu achten bedeutet auch, Entscheidungen zu respektieren, die du anders getroffen hättest, die – möglicherweise falsche – Wahl zu akzeptieren und nicht ständig zu sagen oder zu denken: »Ich hätte das aber anders gemacht!«
Auch bisherige Erfahrungen – vor allem negativer Art – können verhindern, dass wir einander tatsächlich begegnen. »So etwas will ich nie wieder erleben!«, lautet die Grabinschrift vieler Beziehungen. Da, wo wir uns vor möglichen Verletzungen schützen wollen, verschließen wir uns gleichzeitig auch vor dem Lieben. Ein Weg, solchen Beziehungsbremsen auf die Spur zu kommen, kann darin bestehen, dir selbst einige Fragen zu stellen: Welches Verhalten hat mich in der Vergangenheit verletzt? Was möchte ich auf keinen Fall mehr erleben? Und welche Strategien wende ich an, um eine Wiederholung zu vermeiden?
Dann prüfe, ob diese Strategien wirklich hilfreich und für deine Beziehung förderlich sind. Und überlege, welche besseren, hilfreicheren Muster du entwickeln könntest. Wenn du dich bisher durch Rückzug geschützt hast, könnte ein neuer Weg sein, Dinge offener anzusprechen. Verzeihe den Menschen, die dich verletzt haben, und lass dich bewusst auf das Risiko neuer Begegnungen ein. ■

## Praxistipps

- **Überlege:** Welche festen Vorstellungen blockieren dich und deine Beziehung? Was willst du loslassen?

- **Symbol:** Such dir ein Symbol für das, was du gern loslassen möchtest, z. B. einen Stein. Lass symbolisch los, z. B. indem du ihn versenkst.

- **Notiere:** Schreibe auf, welche Vorstellungen anderer von dir dich verletzt haben. Wenn du kannst, verzeihe ihnen und vernichte den Zettel.

## Buchtipps

- Kerstin Hack: *Lieben. Impulse für Leben in Beziehung.* Down to Earth, 2007.

- Kerstin Hack: *Loslassen. Impulse für ein befreites Leben.* Down to Earth, 2007.

## Loslassen

wir halten uns zu fest
an den Händen
statt uns freizugeben
wir tragen zu viel Last
des anderen
statt ihn ermutigend zu begleiten

unsere Liebe
fordert das Loslassen
nicht das Besitzen-Wollen
auf unserem Weg
ist die Hingabe gefordert
nicht die Selbstaufgabe

Text: Margot Bickel, aus: Jeder Tag ist Leben. Herder, 1989.

# Mitgefühl

Einander Anteil geben

*Derjenige ist der beste Mensch, der die größte Fähigkeit im Mitleiden hat. —Gotthold Ephraim Lessing*

■ Ein Klassiker: Sie erzählt ihrem Partner von einem stressigen Einkauf am Freitagnachmittag, den langen Schlangen an den Kassen, von schreienden Kindern, genervten Kassierern und einer heruntergefallenen und zerbrochenen Milchflasche als Sahnehäubchen. Er antwortet: »Du solltest besser an einem anderen Wochentag einkaufen gehen.«
Er fühlt durchaus mit, wünscht sich, ihr die Belastung und den Stress abzunehmen. Gibt praktische Ratschläge. Doch zu seiner großen Überraschung reagiert sie nicht dankbar, sondern gereizt: »Deine klugen Worte können mir gestohlen bleiben!«
Fakt ist, dass die meisten Frauen und auch viele Männer zuerst einmal die Präsenz des anderen brauchen. Präsenz heißt, mit wachen Gedanken und offenem Herzen anteilnehmend zuzuhören. Es bedeutet, dem anderen Aufmerksamkeit zu schenken. Menschen spüren sehr schnell, ob wir ganz anwesend sind oder nur halb. Wir können nur achtsam zuhören, wenn wir gleichzeitig nichts anderes tun. Also: das Buch zur Seite legen, die Hände von Tastatur oder Kochtopf nehmen und Körper und Gedanken konzentriert auf den anderen ausrichten.

Viele Menschen brauchen auch Zeit, um selbst an den Kern des Problems heranzukommen. Zuerst regen sie sich vielleicht über den nervigen Chef auf. Erst nach einer Weile des Austauschs merken sie, worum es eigentlich geht: ihre eigene Verunsicherung. Aktiv Zuhören bedeutet, dem anderen ausreichend Raum zu geben, sich auszudrücken. Ohne Unterbrechung und heimlichen Blick auf die Uhr. Mit gelegentlichem Nicken oder einem warmen »Hmm«, um zu zeigen: Ich bin anwesend und folge dir.

Wo es passt, kann man den anderen unterstützen, indem man ausdrückt, was bei einem ankommt: »Das klingt sehr frustrierend.« Oder: »Das ist wirklich stressig.« Je nach Geschlecht und Temperament kann das unterschiedlich ausfallen. Männer lehnen zu weiches Mitgefühl oft ab, schätzen aber durchaus einen kernigen Kommentar wie: »Boah, das ist ja echt hart!« Wer kann und mag, kann noch ergänzen, wie das Gehörte auf ihn wirkt. »Wenn ich das höre, dann werde ich selbst ganz traurig.« So eine Selbstmitteilung kann die Verbindung zum anderen noch stärken.

Erst wenn tiefes Verständnis entstanden ist, der andere sich mit seinem Problem angenommen weiß, kann man anbieten, mit über eine Lösung nachzudenken. Es empfiehlt sich, vorher nachzufragen: »Was willst du jetzt gerne von mir? Möchtest du, dass ich mit dir nach einer Lösung suche?« Dann kann man tatsächlich einen Wechsel des Einkaufstages vorschlagen und erntet womöglich sogar Dankbarkeit. ■

## Praxistipps

- **Beobachte:** Wie schnell gibst du Ratschläge? Was hilft dir dabei, aktiv und intensiv zuzuhören?
- **Übe:** Versuche die nächsten Male, wenn dir jemand von einem Problem erzählt, dich einzufühlen und dem anderen viel Raum zu geben.
- **Offenheit:** Bitte deinen Partner oder andere nahe Menschen, dir offen zu sagen, wie du die Kommunikation zu ihnen verbessern könntest.

## Buchtipps

- Marshall Rosenberg: *Gewaltfreie Kommunikation. Eine Sprache des Lebens*. Jungfermann, 2007.
- Susann Pásztor & Klaus-Dieter Gens: *Ich höre was, was du nicht sagst*. Junfermann, 2008.

## Wirklich hinhören

Als ein Mann, dessen Ehe nicht gut ging,
seinen Rat suchte, sagte der Meister:
»Du musst lernen, deiner Frau zuzuhören.«

Der Mann nahm sich diesen Rat zu Herzen.
Er kam nach einem Monat zurück und sagte, er
habe gelernt, auf jedes Wort, das seine Frau sprach,
zu hören.

Da sagte der Meister mit einem Lächeln:
»Nun geh nach Hause und höre auf jedes Wort,
das sie nicht sagt.«

Text: Anthony de Mello, aus: Wo das Glück zu finden ist. Herder, 2000.

# Nähe

Den anderen nah heranlassen

*Die schönsten Dinge des Lebens kann man nicht sehen oder gar berühren. Nur das Herz fühlt sie. —Helen Keller*

■ Zuerst kam sie. Mit einer Tasse herrlichen Kaffees. Während ich noch da saß und den feinporigen Milchschaum und den starken Kaffee genoss, kam ihr Mann dazu. Meine Freunde setzten sich auf meine Bettkante und begannen, zu erzählen. Von einem Wochenende, an dem sie auf zärtliche Romantik und tiefe innere Verbundenheit gehofft hatten. Eine Erwartung, die sich nicht erfüllte – und das, obwohl sie auf der Fahrt zum Wochenend-Domizil noch ein kleines Vermögen für besonders reizvolle Wäsche ausgegeben hatte.
Statt sinnliches Vergnügen und tiefe Verbundenheit zu spüren, erlebten sie eine frustrierende Zeit, in der es nicht gelingen wollte, zueinander zu finden. Das passiert. Und kommt in den besten Familien vor – zu denen ich die beiden durchaus zählen würde. Sie leben eine herzliche, zugewandte, stabile, sich immer wieder erneuernde Ehe. Nur mit tiefer Verbundenheit und Nähe klappt es nicht immer.
Das hat viele Gründe. Etwa, dass sie in ihrer Familie nicht gelernt hat, Nähe zu zeigen. Er hingegen wusste nicht, wie vielfältig man Nähe fördern kann und versuchte es oft nur auf einem Weg.

# Nähe

Ein Weg, Nähe zu fördern, ist, sich einander zu öffnen. Das bedeutet, zu erzählen, was man erlebt hat und was es in einem ausgelöst hat. Es heißt, Gefühle und Bedürfnisse mitzuteilen und sich verletzlich zu machen. Dem anderen das Innerste zu zeigen. Mit den glücklichen und auch den traurigeren Seiten.
Eheberaterin Eva-Maria Zurhorst empfiehlt Paaren, beim Sex nicht gleich loszulegen, sondern erst eine Weile beeinander zu liegen, nur eine Hand auf den Körper des anderen zu legen und zu spüren: Wie geht es mir? Und dem anderen? Angespannt? Locker? Traurig? Froh? Wenn man sich und den anderen wahrgenommen hat, kann körperliche Begegnung tiefer erlebt werden und zu mehr Verbundenheit führen.
Nähe fördert man auch durch Zärtlichkeit im Alltag. Durch eine kleine zärtliche Geste, eine sanfte Berührung oder auch ein warmes, wertschätzendes Wort – ohne damit eine direkte Absicht zu verfolgen. Einfach nur, um Nähe und Verbundenheit aufzubauen.
Und natürlich der klassische Weg: Paare die häufig miteinander schlafen, spüren mehr Nähe und Verbundenheit. Hier kann man sicher fragen, was Henne und was Ei ist. Schlafen sie miteinander, weil sie Verbundenheit spüren, oder spüren sie Verbundenheit, weil sie miteinander schlafen? Das wird man wohl nicht abschließend klären können. Besser man fängt einfach an. Und wartet nicht, bis man sich total danach fühlt, sondern öffnet einander Herz und Körper und lässt so zu, dass sich mehr Nähe entwickelt. ■

## Praxistipps

- **Überlege:** In welchen Momenten spürst du Nähe ganz besonders intensiv? Wie könntest du für mehr solcher Momente sorgen?

- **Berühre:** Berühre unterschiedliche Gegenstände und spüre, wie sich das anfühlt. Was berührst du besonders gern?

- **Umsetzen:** Zeige einem geliebten Menschen Nähe – möglichst auf die Art, die ihn am meisten berührt.

## Buchtipps

- Kevin Lehmann: *Licht an, Socken aus. Ein erfülltes Sexualleben als Basis einer guten Ehe.* Hänssler, 2010.

- Shmuley Boteach: *Koscherer Sex. Ein Leitfaden für Leidenschaft und Intimität.* Adwaita, 2001.

## Seliger Tod

Gestorben war ich
Vor Liebeswonne:
Begraben lag ich
In ihren Armen;

Erwecket ward ich
Von ihren Küssen;
Den Himmel sah ich
In ihren Augen.

Text: Ludwig Uhland

## Opfer bringen

Etwas füreinander aufgeben

*Die Liebe überwindet den Tod, aber es kommt vor, dass eine kleine üble Gewohnheit die Liebe überwindet.*
*—Marie von Ebner-Eschenbach*

■ Eine Freundin schickte mir einmal das Bild eines Olivenbaums. Genauer gesagt waren es zwei Bäume. Sie standen so eng beieinander, dass sie aus der Ferne wirkten wie ein Baum. Doch wenn man genauer hinsah, konnte man erkennen, dass es sich eigentlich um zwei Bäume handelte. Sie hatten an den freien Seiten ihre Äste groß und weit entfaltet. Doch an der Seite, an der sie einander berührten, waren die Äste kürzer. Da hatte jeder Baum dem anderen Platz gemacht.
Damit eine Partnerschaft gelingt, braucht es beides. Kraftvolles Entfalten und die Bereitschaft, aufeinander Rücksicht zu nehmen und auch mal Opfer für den anderen zu bringen. Das kann mal bedeuten, auf eine lang geplante Reise zu verzichten, weil es dem Partner gesundheitlich nicht gut geht und er Unterstützung braucht – so wie es eine gute Freundin kürzlich getan hat. Für sie war das selbstverständlich. Doch leider ist das nicht bei allen Menschen der Fall. Manche betonen die Notwendigkeit, sich selbst zu verwirklichen so sehr, dass sie aus dem Blick verlieren, dass zu einer gelingenden Partnerschaft beides gehört: Selbstverwirklichung und Selbstaufgabe.

Dahinter steckt oft Unreife. Wer unreif ist, hat häufig nur sich selbst, seine Bedürfnisse und seine Perspektive im Blick. Er ist voller unerfüllter Erwartungen und will, dass andere seinen Mangel ausfüllen. Wer nicht so handelt, wie er es erwartet, wird angegriffen und angeklagt.

Eine schwerer erkennbare Variante der Unreife ist übermäßige Ausrichtung und Fixiertheit auf die Wünsche anderer. Sie hat jedoch nicht tatsächlich das Wohl des anderen im Blick, sondern ist vielmehr Mittel, das zu bekommen, was man sich selbst wünscht. Ein reifer Mensch hingegen hat gelernt, eigene Bedürfnisse und Gefühle wahrzunehmen, zu bejahen und zu benennen. Er spürt: Genau das will und brauche ich. Er nimmt jedoch auch wahr: Das will und braucht der andere. Reife Menschen können in einem offenen Dialog ihre berechtigten Wünsche und Bedürfnisse in Bezug zu denen ihrer Mitmenschen setzen. Wenn Bedürfnisse unvereinbar scheinen, kann man so leichter Strategien zu ihrer Erfüllung und eine gemeinsame Lösung finden.

Wenn dies nicht möglich ist, können reife Menschen klare und bewusste Entscheidungen treffen: Hier verzichte ich zugunsten des anderen auf die Erfüllung meiner Wünsche, dort tue ich es nicht. Ohne Machtkampf und Opferrolle. Lediglich eine Anerkennung und Wertschätzung der eigenen und fremden Bedürfnisse. Und die Bereitschaft, für beides, so gut es geht, zu sorgen. ■

## Praxistipps

- **Überlege:** Neigst du eher dazu, dich durchzusetzen oder nachzugeben? In welchen Situationen überwiegt das eine, in welchen das andere Verhalten?

- **Beobachte:** Welche Menschen in deinem Umfeld erlebst du als opferbereit, ohne dass sie sich selbst aufgeben? Was zeichnet sie aus?

- **Besprechen:** Wo hat einer von euch bisher Opfer gebracht, ohne es wirklich zu wollen? Sucht nach alternativen Möglichkeiten.

## Buchtipps

- Ram Oren: *Für dich habe ich es gewagt*. Brunnen, 2011.

- Christian Feldmann: *Die Liebe bleibt. Das Leben der Mutter Teresa*. Herder, 2007.

### Verzicht aus Liebe

Ein älteres Ehepaar feiert nach 50 erfüllten Ehejahren das Fest der Goldenen Hochzeit. Morgens beim gemeinsamen Frühstück sind die beiden noch unter sich und stärken sich für den großen Tag.

Beim Aufschneiden des Brötchens denkt die Frau so bei sich: »Seit 50 Jahren habe ich nun auf meinen Mann Rücksicht genommen und ihm immer das knusprige Oberteil des Brötchens gegeben. Heute will ich mir das gönnen und ihm das Unterteil geben!« So schmierte sie sich genüsslich das Oberteil und gab ihrem Mann die untere Hälfte.

Der war hocherfreut und bedankte sich herzlich: »Liebling, du machst mir heute am Hochzeitstag die größte Freude. 50 Jahre habe ich dir das Brötchenunterteil gegönnt, obwohl ich es lieber selbst gegessen hätte. Aber ich habe es dir gelassen aus Liebe.«

Text: Axel Kühner, aus: Eine gute Minute. Aussaat Verlag, 1994.

# Probleme bewältigen

Die Kunst, fair zu streiten

*Fairness ist die Kunst, sich in den Haaren zu liegen, ohne die Frisur zu zerstören. —Gerhard Bronner*

■ Wo zwei Menschen eng miteinander leben, kommt es zu Meinungsverschiedenheiten. Es gibt wenige Paare, die es schaffen, Konflikte ohne Streit zu lösen. Das Ehepaar Helmut und Loki Schmidt gehörte dazu. In einem Interview erzählten sie, dass sie sich in ihrem Leben nur einmal wirklich gestritten hätten. So sehr, dass sie einen Waschlappen nach ihm warf. Was der Anlass dafür war, wussten sie Jahre später selbst nicht mehr. Zur Harmonie dieses Traumpaares trug sicher bei, dass die beiden sich seit Kindertagen kannten und die Dinge mit einem gewissen hanseatischen Gleichmut betrachteten. Sich unnötig aufzuregen war nicht ihr Ding – obwohl sie beide durchaus Charakter hatten und für ihre Position und Interessen eintreten konnten.
Dynamischer ging es bei Billy Graham und seiner Frau zu. Sie war bekannt dafür, dass sie ihm deutlich sagte, wenn sie nicht seiner Meinung war – das konnte sogar mal einen Tritt vor das Schienbein bedeuten. Was nicht heißt, dass die beiden keine gute Ehe führten. Sie war nur etwas bewegter als die der Schmidts. Es entspannt, wenn man weiß: Perfekte Dauerharmonie ist die Ausnahme – nicht die Regel.

## Probleme bewältigen

Streit ist eine Form der Kommunikation – eine ziemlich intensive, aber manchmal auch notwendige. Streit zeigt: »Hier sehen wir die Dinge unterschiedlich.« Man muss nicht so weit gehen wie Goethe, der der Ansicht war, man müsse sich ab und zu streiten, weil man sonst nichts vom anderen erfahren könnte. Doch was stimmt, ist, dass jede Auseinandersetzung die Chance bietet, den anderen tiefer kennen zu lernen.

Gut ist es, wenn man die Kunst des fairen Streitens gelernt hat. Es gibt Themen, die lange schwelen, immer wieder ärgern und ab und an zu Explosionen führen. Wenn man das wahrnimmt, ist es sinnvoll, einen Termin und Rahmen zu vereinbaren, in dem man entspannt und in Ruhe miteinander sprechen kann. Und nach Wegen zu suchen, wie dieser Konfliktherd entschärft werden könnte. Hier hilft es, die Situationen klar zu beschreiben. Dann erzählt man, wie man sich dabei fühlt. Und schließlich erklärt man dem anderen, was einem in solchen Situationen das Allerwichtigste ist und welche Bitte man an ihn hat.

Konflikte in Ruhe zu klären ist natürlich ideal. Doch auch bei eskalierenden Streitsituationen kann man fair bleiben. Pauschale Vorwürfe wie: »Du machst das immer!«, helfen dem anderen nicht, zu erkennen, worum es einem geht. Sie führen nur zu Widerspruch. Besser ist, man beschreibt konkret das Verhalten, das einen verärgert hat, und wie es einem damit geht. Und gibt dem anderen Raum, seine Sicht zu erklären. Vielleicht sieht alles ja ganz anders aus? ■

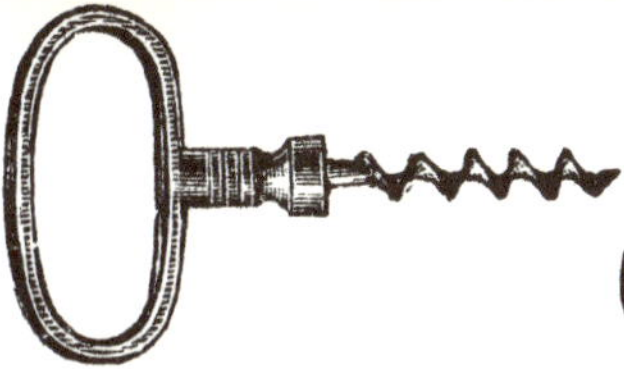

## Praxistipps

- **Überlege:** Mit wem streitest du gern? Mit wem nur sehr ungern? Was macht den Unterschied aus?

- **Regeln:** Entwickle mit deinem Partner oder anderen Streitpartnern Regeln für Verhalten im Streitfall.

- **Ent-Lasten:** Entwickelt in einer ruhigen und entspannten Situation kreative Lösungen für dauerhaft belastende Situationen. Spielerisch: Wer hat die meisten Ideen?

## Medientipps

- Christian Thiel: *Streit ist auch keine Lösung*. Humboldt/Schlütersche, 2011.

- Seminar für alle, die fair streiten lernen möchten: www.streitseminar.de

- Kurse in gewaltfreier Kommunikation: www.gewaltfrei.de

### Ein Streit

Ein großer Stein liegt quer im Magen.
Und auf der Leber rennt die Laus.
Man hat daran sehr schwer zu tragen.
Die Höflichkeit, die rastet aus.

Es keimen die Verdrießlichkeiten.
Ein Wort genügt, es schwillt der Kamm.
Bald werden Paragraphen reiten
und außerdem, es bricht der Damm.

Der Anstand wird dadurch entgleisen.
Der Sachverhalt wird sekundär.
Man sucht mit Worten zu beweisen:
Man ist im Recht, was will man mehr.

Doch was man will, ist kein Verbrechen.
Es geht um eine ›Kleinigkeit‹.
Man will sich an dem andren rächen.
Und hochgeschaukelt wird der Streit.

Nun gilt es, das Gesicht zu wahren.
Man setzt noch eine Galgenfrist.
Sonst wird er in die Hölle fahren,
was leider nicht zu ändern ist.

Text: Roman Herberth. Quelle: www.gedichte.xbib.de

# Quatsch machen

## Über Humor und gute Laune

*Die Krise von heute ist der Witz von Morgen. —H. G. Wells*

■ Meine Mitbewohnerin hatte es sich selbst eingebrockt. Es war ein taktischer Fehler, so kurz vor der Hochzeit all die kleinen Zettelchen, die sie und ihr Verlobter sich geschrieben hatten, in der Papierkiste unserer WG zu entsorgen. Beim Wegbringen des Altpapiers fielen sie mir zufällig in die Hände. Da stand dann etwa: »Ich lieb' dich ohne Pause, deine Mause brause.« Oder: »Es liebt die Maus so sehr – der Bär.«
Ich konnte es mir nicht verkneifen, diese Meisterwerke deutscher romantischer Lyrik in der Hochzeitszeitung zu veröffentlichen. Das Paar hat es mir glücklicherweise verziehen. Noch Jahre später lag die Hochzeitszeitung in ihrem Badezimmer und erheiterte alle, die sich dort aufhielten.
Kleine Albernheiten tun jeder Beziehung gut. Dazu gehören Kosenamen, Quatsch machen, den Partner mal mit dem Einkaufswagen durch den Supermarkt schieben – so wie es der Mann einer Freundin tat. Sich kitzeln, zum Lachen bringen. Kurz: Dinge tun, die einfach nur Spaß machen und die Beziehung lebendig erhalten. Schließlich geht es beim Zusammensein nicht nur um die Erledigung gemeinsamer Aufgaben wie Putzen und Steuererklärung, sondern auch um Freude am Leben.

## Quatsch machen

Gemeinsames Lachen verbindet Menschen ebenso wie gemeinsames Weinen. Wenn einem Paar das Lachen vergeht, dann steht es ernst um die Beziehung. Es tut in einem solchen Fall gut, wieder bewusst eine Menge Dinge zu unternehmen, die Spaß machen und erneut die Freude am Zusammensein wecken: Go-Kart fahren und dem anderen gründlich in die Reifen drängen oder sich mal wieder ein paar Dick-und-Doof-Filme zusammen ansehen oder die witzigsten Geschichten von früher erzählen.

Noch wichtiger ist Humor bei Krisen. Okay, es war keine gute Idee, die Schneekette so schwungvoll über den Reifen zu werfen, dass sie sich in der Antriebsstange verhedderte und das Rad komplett abmontiert werden musste – bei intensivem Schneetreiben. Doch noch zwanzig Jahre später lacht meine ganze Familie über die Geschichte. Und über viele andere.

Es gibt Krisen, die sind wirklich schlimm. Sie bleiben – auch Jahre später noch – traurig und kritisch. Aber über die meisten Dinge, die einen im Moment aufregen, wird man später lachen. Es tut gut, sich in Krisen die Frage zu stellen: Werde ich das, was mich jetzt stresst, in fünf Jahren erfolgreich bewältigt haben? Werde ich es bis dahin vergessen haben, weil es gar nicht so bedeutsam ist? Werden wir möglicherweise in fünf Jahren über das lachen, was uns jetzt so schwierig erscheint? Lautet die Antwort auf die Fragen »Ja«, muss man keine fünf Jahre warten. Man kann auch gleich lachen – aus vollem Herzen. ■

## Praxistipps

- **Überlege:** Über welche früheren Schwierigkeiten lachst du heute? Über welche Probleme von heute wirst du in Zukunft lachen?

- **Austausch:** Erzählt einander die Geschichten, die euch in der Erinnerung zum Lachen bringen.

- **Quatsch machen:** Ihr seid noch nicht scheintot, sondern lebendig. Also: Macht mal wieder etwas Albernes, wie z. B. eine Kissenschlacht.

## Medientipps

- Christian Thiel: *Was glückliche Paare richtig machen.* Campus, 2007.

- Heiner Uber: *All you need is Laugh. Ein Höressay über das Lachen.* Komplett-Media, 2010.

- Für alle, denen der Humor vergangen ist: www.lachseminare.de

### Der Garten der Lebensfreude

Wir bebauen uns
ein Fleckchen Erde
pflanzen deinen Witz
meinen Humor
unser Lachen
unsere Tränen
unseren Frohsinn
unsere Traurigkeit
und einen kleinen Baum
säen deine Stille
mein Schweigen
unseren Idealismus
unsere Ideen
unsere Verrücktheiten
unsere Liebe
und einfache Blumen

lassen unsere Hoffnungen keimen
beschneiden nichts
in unserem Garten
der Lebensfreude

Text: Margot Bickel, aus: Jeder Tag ist Leben. Herder, 1989.

# Romantik

## Hollywood, Bollywood und das reale Leben

*Das Wesen der Romantik ist die Ungewissheit. —Oscar Wilde*

■ Ganz unromantisch: Die Begriffe »Romantik« und »romantisch« beschreiben die Eigenschaft einer Sache oder eines Ereignisses, Menschen mit Liebe und Sehnsucht zu erfüllen.
Mehr Romantik in ihrer Beziehung wünschen sich viele Paare. Wie aber kann die mangelnde Romantik geweckt werden? Was trägt dazu bei, Menschen mit Liebe und Sehnsucht zu erfüllen?
Es gibt Dinge, die bei vielen Menschen romantische Gefühle wecken: Blumen, Sonnenuntergänge, Pralinen, Musik, eine besonders schöne Umgebung, das stille Geplätscher eines Baches oder das sanfte Rauschen des Meeres. Diese Dinge sind nicht per se romantisch, aber in unserer Kultur haben wir sie als weit verbreitete Auslöser von Romantik kennen gelernt. Wenn wir sie sehen, löst das Sehnsucht und Liebe aus.
Manches ist leicht verständlich – die meisten Menschen sehen schöner aus, wenn sie nicht von hartem Neonlicht beleuchtet werden, sondern sich warmes Kerzenlicht in ihren Augen spiegelt und im Halbdunkel die eine oder andere Sorgenfalte verschwindet. Auch flüstert es sich bei »romantischen« Klängen besser als bei hartem Punk – für die meisten Menschen zumindest.

# Romantik

Romantik entsteht häufig da, wo Menschen Schönheit sehen. Nehmen wir etwas Schönes wahr, berührt das etwas in uns. Wir öffnen uns, werden weicher, sanfter. Doch das Empfinden für Schönheit ist sehr verschieden. Dinge, die der eine romantisch findet, tut die nächste als kitschig ab. Ich war einmal in einem Haus zu Gast, in dem überall »romantische« Figuren standen. Mit »überall« meine ich überall – sogar auf jeder Treppenstufe. Auch mein Zahnarzt steht auf Engelchen und ähnliches – das löst bei mir keine Romantik aus, sondern eher Fluchtgedanken.

Romantik entsteht auch da, wo dem Geheimnisvollen Raum gegeben wird. Sanftes Licht, Vorhänge, hinter denen man Dinge nur erahnen kann. Romantik wächst, wenn man sich auf das Unbekannte, Ungewisse, Abenteuerliche einlässt.

Und nicht zuletzt kann man Romantik einüben. Ich fühle mich nicht immer in der Stimmung, zu schreiben. Aber ich habe einige CDs, die ich immer dann einlege, wenn ich an längeren Texten schreiben will, aber schwer reinkomme. Bin ich anfangs noch unruhig, so werde ich, sobald die vertrauten Klänge ertönen, ruhiger. Ich komme so schneller in die richtige Stimmung zum Schreiben. In gleicher Weise kann man als Paar bestimmte Signale setzen, die Raum für Romantik schaffen. Eine gemeinsame Kuscheldecke, der Lieblingstee, spezielle Musik. Und am besten: genug Zeit. Denn Romantik entfaltet sich nicht blitzschnell – sie braucht Raum zum Atmen. Wie guter Rotwein. ■

## Praxistipps

- **Überlege:** Welche Momente hast du als besonders romantisch in Erinnerung? Was hat sie gekennzeichnet?

- **Notiere:** Mache dir eine Liste mit den Orten und Dingen, die du besonders romantisch findest.

- **Austausch:** Sprich mit deinem Partner darüber, was die Romantik und das Knistern zwischen euch nährt und wie ihr das stärken könnt.

## Buchtipps

- John & Stacey Eldredge: *Das wilde Herz der Ehe.* Brunnen, 2010.

- Nathaniel Brandon: *Liebe für ein ganzes Leben. Psychologie der Zärtlichkeit.* Rororo, 2009.

## Mondnacht

Es war, als hätt' der Himmel
Die Erde still geküsst,
Dass sie im Blütenschimmer
Von ihm nur träumen müsst.

Die Luft ging durch die Felder,
Die Ähren wogten sacht,
Es rauschten leis die Wälder,
So sternklar war die Nacht.

Und meine Seele spannte
Weit ihre Flügel aus
Flog durch die stillen Lande,
Als flöge sie nach Haus.

Text: Josef von Eichendorff

# Sprachen der Liebe

## Wie die Liebe bei uns ankommt

*Wer hören will, soll fühlen.*
*—Slogan der Philharmonie Antwerpen*

■ Was geschieht, wenn ein amerikanischer Baptistenpastor eine Opernsängerin italienischer und irischer Abstammung heiratet? Die beiden lernen etwas über Unterschiede. Der Pastor und Berater Gary Chapman stellte schon bald in seiner jungen Ehe fest, dass die Art, wie er seiner Frau Liebe zeigte, bei ihr selten ankam. Und umgekehrt. Er entdeckte: Jeder Mensch hat einen anderen »Kanal«, über den ihn Zuneigung besonders gut erreichen kann. Und jeder Mensch drückt Liebe meist auf die von ihm selbst favorisierte Weise aus – die nicht der Favorit des anderen sein muss. Chapman nannte diese Ausdrucksformen die »Sprachen der Liebe« und stellte fest, dass es fünf Grund-Sprachen gibt:
**Geschenke:** Manche Menschen bringen Zuneigung durch Geschenke zum Ausdruck. Ein von Herzen kommendes Geschenk kann sie tief berühren und erfreuen – und tiefe Verbindung zum Schenkenden schaffen.
**Körperliche Nähe:** Andere Menschen reagieren eher auf Berührung. Kuscheln, Küssen, Schulterklopfen, Umarmen – das Spektrum dessen, wie man mit dem Körper Nähe zum Ausdruck bringen kann, ist vielfältig. Und berührt im wahrsten Sinne des Wortes.

**Qualitätszeit:** Für viele Menschen ist Zeit, in denen ihnen vom anderen ungeteilte Aufmerksamkeit geschenkt wird, der berührendste Ausdruck von Liebe. Sie blühen auf, wenn der andere sich für sie Zeit nimmt und dann auch ganz präsent ist.

**Wertschätzende Worte:** Andere Menschen erstrahlen, wenn man ihnen sagt, was man an ihnen schätzt. Das können allgemeine Komplimente sein wie: »Du bist toll!« Doch besonders tief berühren Worte, bei denen zu spüren ist, dass der andere genau hingesehen hat und sagt, was er Einmaliges wahrgenommen hat. Mancher mag es besonders, die wertschätzenden Worte in geschriebener Form zu erhalten.

**Unterstützung:** Anderen wiederum bedeuten praktische Handlungen mehr als viele Worte. Das kann vom heruntergetragenen Mülleimer bis zur Hilfe bei der Steuer reichen. Sie sehen: Der andere setzt sich für mich ein. Und das berührt sie.

Weil unsere Ausdrucksformen und Empfangskanäle sich so sehr unterscheiden, lohnt es sich, genau hinzusehen. Wer weiß, was ihn besonders berührt, kann den Partner leichter darum bitten. Und wer erkennt, was den anderen besonders anspricht, kann ihm das schenken. Man bleibt man selbst, aber man richtet sich auf den anderen aus. Das kann anfangs etwas holprig sein, weil man Liebe am liebsten in der eigenen, bevorzugten Weise zeigen will. Doch man kann es üben. Und im Lauf der Zeit lernt man die Sprache des anderen verstehen und sprechen. Sogar fließend. ■

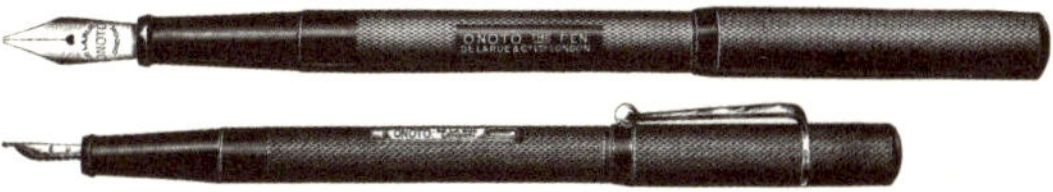

## Praxistipps

- **Überlege:** Wie drückst du deine Liebe am häufigsten aus? Und welche Ausdrucksform von Liebe berührt dich besonders?

- **Austausch:** Sprich mit deinem Partner oder engen Freunden über eure bevorzugte Liebessprache.

- **Notizen:** Schreibe dir bei den Menschen in deinem Freundeskreis auf, was wohl ihre Liebessprache ist. Überlege, wie du sie auf ihre Art beschenken kannst.

## Buchtipps

- Gary Chapman: *Die fünf Sprachen der Liebe: Wie Kommunikation in der Ehe gelingt.* Francke-Buchhandlung, 2003.

- Online-Test, um deine Liebessprache herauszufinden (leider nur auf Englisch): www.5lovelanguages.com

## Vielfältige Liebesbezeugungen

Vielleicht verbindet uns nichts so wie die tägliche Treue, die fast namenlos ist und doch den Boden unter unseren Füßen bedeutet. Du denkst daran, anzurufen, wenn du später kommst. Ich nehme die Post mit, die du an der Tür abgelegt hast. Du räumst ab, wenn ich zu müde dafür bin, und ich erinnere dich an den Geburtstag deiner Mutter. Du bringst mir eine Überraschung mit, aber nicht das Geschenk, sondern dein Bedürfnis, an mich zu denken, macht mich reich.
Wir schweigen gemeinsam vor dem großen Sonnenuntergang und finden einander in der Stille.
Ein Blick genügt, und ich weiß, was in deinem Kopf vorgeht, ein anderer Blick sagt mir, dass ich diesmal nicht weiß, was du denkst.
Ich lasse mich fallen in deine Stimme, die zwei Zimmer weiter meinen Namen sagt. Im Vorübergehen berühre ich dich in einer Form von Liebe, die keinen Namen hat.
Jede dieser Taten, jeder Gedanke, die gesammelten Erlebnisse, die gemeinsam erlebten Jahre, sie alle weben den Stoff unseres Lebens. Ich spüre die Reife – weg von der lauten Leidenschaft in die Wirklichkeit der zarten Zuwendung.
Ein Weg, der so lang ist wie ein Leben.

Text: Ulrich Schaffer, aus: Wachsen und Reifen in der Liebe. Stuttgart, 2001.

# Treue

## Miteinander wachsen

*Wenn einem Treue Spaß macht, dann ist es Liebe.*
*—Julie Andrews*

■ »Ich bin doch treu«, sagt sich manch einer. Und ist stolz auf die »Leistung«, dass er immer noch mit dem gleichen Partner zusammen ist. Oder beeindruckt von sich selbst, dass er auf erotische Abenteuer außerhalb verzichtet und beim anderen bleibt. Er ist stolz – zu Recht. In einer Zeit, in der vieles dazu ermuntert, den Bündnisschluss mit dem anderen nicht sonderlich ernst zu nehmen, ist derartige Treue schon eine Leistung. Doch ganz ehrlich – so richtig prickelnd hört sich das nicht an. Es klingt – in vielen Fällen – nach Wahrung des Status Quo. Nach Erhalt des Bestehenden. Die Falten im Gesicht und am Bauch werden von Jahr zu Jahr tiefer – doch ansonsten ändert sich nichts. Nicht unbedingt reizvoll.

Anspruchsvoller, herausfordernder und attraktiver ist da eine Definition von Treue, die von Jesus stammt. Er erzählt die Geschichte von drei Männern, die von einem reichen Mann einen Teil seines Vermögens anvertraut bekommen – mit dem Auftrag, etwas daraus zu machen. Zwei der Männer handeln aktiv, gehen Risiken ein und verdoppeln das Vermögen. Der Dritte geht auf Nummer sicher. »Besser nichts tun als etwas Falsches«, sagt er sich und vergräbt das Vermögen.

Er erhält den Status Quo. Er ist treu, könnte man meinen. Doch die Beurteilung fällt in dieser Geschichte negativ aus. Den, der aus dem Anvertrauten nichts macht, bezeichnet Jesus als untreu. Die beiden anderen nennt er treu.
Treue ist Wachstum. Auch in Beziehungen. Wer unter Treue lediglich versteht, nicht wegzulaufen, verfehlt das Wesen der Treue. Das ist nicht treu. Das ist nur langweilig. Um nicht wegzulaufen, muss man kein Mensch sein – da reicht es, ein Möbelstück zu sein. Sofas laufen auch nicht weg.
Was bedeutet Wachstum in einer Beziehung? Das ist von Partnerschaft zu Partnerschaft unterschiedlich. Die einen können gut zusammenarbeiten, tun sich aber mit Kommunikation von Herz zu Herz schwer – ihr Wachstumsbereich. Andere dürfen lernen, konfliktfähiger zu werden oder aktiver. Wer treu sein will, kann sich fragen: Was könnte ich dazu beitragen, dass diese Beziehung das Bestmögliche wird, was sie werden kann? Oder wie könnte ich mich oder den anderen in seiner Entwicklung fördern?
Es tut gut, sich ein Bild vor Augen zu halten, was sein könnte. Keine bloße Phantasie, sondern ein Bild, wie die Partnerschaft in zehn Jahren aussehen könnte. Dann, wenn man miteinander gewachsen ist.
Und dann das zu tun, was man konkret an diesem Tag, in dieser Woche, in diesem Monat, in diesem Jahr tun kann, um die Beziehung zu fördern und zu stärken. Schritt für Schritt, Tag für Tag – in aller Treue. ■

## Praxistipps

- **Überlege:** Wo gibst du dich mit dem Status Quo zufrieden?

- **Plane:** Was könntest du aus deiner Partnerschaft machen? Was könntet ihr noch entwickeln? Wo steckt Potential für mehr?

- **Diskutiere:** Sprich mit deinem Partner oder anderen Menschen darüber, was für sie einen Menschen, der treu ist, charakterisiert.

## Buchtipps

- Ute Horn: *Ich will dir treu sein. Partnerschaft, die ein Leben lang hält.* Gerth Medien, 2005.

- Nele-Marie Brüdgam: *In guten wie in schlechten Zeiten. Langzeitpaare erzählen ihre Erfolgsgeschichten.* Schwarzkopf & Schwarzkopf, 2004.

## Was bleiben will, muss sich ändern

Wie das Meer, das bleibt in Ebbe und Flut.
Der Baum im Wechsel der Jahreszeiten.
Die schwingende Brücke. Ein Klang.
Was bleiben will, muss sich ändern.
Das Leben. Einatmen und Ausatmen.
Das, woraus ich Kraft schöpfe.
Meine Wurzeln. Meine Wege.
Was bleiben will, muss sich ändern.
Liebe, die ihre Gezeiten hat wie das Meer.
Freundschaft. Glück. Eine Aufgabe. Ein Erfolg.
Was bleiben will, muss sich ändern.
Meine Bilder von der Vergangenheit.
Von der Zukunft.
Vom Sinn. Von Gott.
Meine wichtigsten Bilder.
Ich will, dass sie bleiben.
Was bleiben will, muss sich ändern.

Text: Inge Müller

# Umfeld

Unterstützung durch andere

*Zu einer glücklichen Ehe gehören meist mehr als zwei Personen.—Oscar Wilde*

■ Gelegentlich habe ich revolutionäre Ideen. Eine davon ist, die Liturgie bei Hochzeiten zu ergänzen. Nach dem Ja-Wort des Paares sollte die anwesende Festgemeinde feierlich aufstehen. Den Pfarrer würde ich fragen lassen: »Bist du bereit, das hier anwesende Ehepaar zu stärken und zu ermutigen, ihnen mit Rat und Tat zu helfen und dafür zu beten, dass ihre Ehe gelingt, so sprich: ›Ja, mit Gottes Hilfe.‹«
Der Grund ist ganz einfach: Kein Paar schafft es gut allein. Zum Gelingen ihrer Partnerschaft brauchen sie andere Menschen, die ihnen beistehen. Beistand kann bedeuten, ihnen von eigenen, hilfreichen Erfahrungen zu erzählen. Ihnen zuzuhören. Oder ihnen einen jährlichen Ehe-TÜV anzubieten, wie es z.B. ein Priester bei allen Paaren tut, die er traut. Es kann heißen, mal auf die Kinder aufzupassen oder Einkäufe abzunehmen, damit das Paar Zeit für sich findet. Oder beim Einrichten oder Renovieren der Wohnung zu helfen, wenn das Paar sich damit selbst schwertut. Unterstützen kann auch heißen, einem finanzschwachen Paar materiell unter die Arme zu greifen. Oder den beiden ein Auto oder Wochenend-Refugium zur Verfügung zu stellen oder ... oder ...

Meine neue Ehe-Liturgie existiert leider noch nicht. Wenn man mit Paaren befreundet ist, kann man ihnen trotzdem ganz konkret Hilfe anbieten: »Es ist mir wichtig, dass eure Beziehung gelingt. Ich würde gerne wissen, was ich dazu beitragen kann, eure Beziehung zu fördern. Was würde euch helfen? Was könnte ich für euch tun?«
Nicht jeder ist so mutig, aktiv von sich aus Hilfe anzubieten. Doch viele Menschen wären bereit, Paaren zu helfen, wenn sie darum gebeten würden. Wissenschaftler haben herausgefunden, dass in Bibliotheken die Achtsamkeit der Nachbarn weit höher ist, wenn man sie konkret darum gebeten hat: »Ich gehe kurz weg. Könnten Sie einen Blick auf meine Sachen werfen?« Allgemein ist die Chance, Hilfe zu bekommen, weit höher, wenn man konkret darum bittet. Auch wenn das bedeutet, Stolz zu überwinden.
Das Paar kann sich überlegen, was die größten Stressfaktoren in ihrer Beziehung sind. Und was andere vielleicht konkret dazu beitragen könnten, den Druck zu mindern.
Gut ist auch, dass jedes Paar in der Regel eine ganze Reihe von Menschen kennt, die auf unterschiedliche Art und Weise unterstützen würden. Da ist vielleicht die Schwiegermutter, die gern mal in beruflich stressigen Zeiten kocht. Oder eben das befreundete Paar, mit dem man sich aussprechen kann. Niemand muss die Last alleine tragen – und an dem, was gelingt, können sich dann auch die anderen mitfreuen. ■

## Praxistipps

- **Überlege:** Was sind die größten Stressfaktoren in unserer Beziehung? Wo brauchen wir am dringendsten Hilfe und Entlastung?

- **Notiere:** Mache eine Liste der Menschen, die euch im Bedarfsfall beistehen könnten. Frage sie, ob sie dazu prinzipiell bereit wären.

- **Beitragen:** Biete einem oder mehreren befreundeten Paaren deine Hilfe an. Bitte sie, dir zu sagen, wo und wie du sie unterstützen kannst.

## Medientipps

- Kerstin Hack: *Unterstützung. Impulse, Hilfe zu erfahren.* Down to Earth, 2011.

- Beziehungs- oder Ehebarometer TÜV (als PDF): www.bit.ly/beziehungs-barometer

## Leben teilen

Die Freundschaft
vermehrt das Gute
und
verteilt
das Schlimme;
sie ist
das einzige Mittel
gegen das Unglück,
sie ist
das Aufatmen
der Seele.

Text: Baltasar Gracián y Morales

# Vergebung

Die Kunst, Vergangenes loszulassen

*Liebe ist die gemeinsame Freude an der wechselseitigen Unvollkommenheit. —Ludwig Börne*

■ »Ach, hätte ich doch ...« »Ach, hätte er doch nicht ...« Man kann sich und anderen das Leben mit dem Bedauern des Vergangenen gründlich verderben. Überall, wo Menschen zusammentreffen, besteht Verletzungsgefahr. Manche Beziehung hat – wie einige Extremsportarten – ein höheres Verletzungsrisiko als andere. Aber sicher vor Verletzungen ist man nirgends: Auch beim Stolpern über einen Gartenschlauch kann man sich das Genick brechen. Oder durch eine unachtsame Bemerkung den anderen tief treffen. Und vielleicht erst Jahre später erfahren, was man angerichtet hat.

Die meisten Situationen, in denen wir einander verletzen, geschehen unabsichtlich. Nur wenige Menschen sehen ihren Lebenszweck darin, anderen die Freude am Dasein zu vermiesen. Weil vieles unabsichtlich geschieht, kann man es einfach verzeihen. Zumindest bei kleineren Unannehmlichkeiten ist Großherzigkeit angebracht. Nicht jeder unachtsame Rempler auf der Straße und auch nicht jedes an der falschen Stelle stehengelassene Glas ist es wert, dass man einen Aufstand darum macht. Das kostet nur unnötig Lebensenergie. Man lebt besser, wenn man kleine Pannen großmütig verzeiht.

# Vergebung

Wenn einen Dinge tatsächlich stark oder immer wieder irritieren, empfiehlt es sich, sie zu klären – am besten zeitnah. So wie eine angenehme Geschäftspartnerin, die mich – während ich an dieser Seite schrieb – anrief, um eine kleine Irritation zu klären: eine unachtsame Erwähnung und ein fehlerhaft geschriebener Firmenname. Nach ein paar Sätzen war das aus der Welt geschafft. Und wir konnten uns wieder dem zuwenden, was wir gemeinsam anpacken möchten.
Dann gibt es noch die Dinge, die sich – zumindest in dem Moment – nicht klären lassen. Weil die Perspektiven zu unterschiedlich sind oder ein Partner nicht gesprächsbereit ist. Hier gibt es zwei Möglichkeiten: weiter Groll hegen oder vergeben. Vergeben geht über das Verzeihen von Kleinigkeiten hinaus. Vergeben ist der Verzicht auf Gerechtigkeit. Es wäre gerecht, wenn der andere das wiedergutmacht, was er angerichtet hat. Doch wenn er nicht will oder kann, hat man selbst die Möglichkeit, sich vom Vergangenen zu lösen, indem man bewusst auf Ausgleich verzichtet.
Man entscheidet sich, nicht mehr zu erwarten, dass der andere wiedergutmacht, was er angerichtet hat. Sondern verzichtet freiwillig darauf. Nicht weil es gerecht wäre, sondern weil man selbst frei leben will. Wenn man erwartet, dass der andere handelt, wartet man vielleicht sehr lange und bleibt innerlich gefangen. Verzichtet man hingegen auf den Ausgleich, ist man frei. Deshalb ist Vergeben ein großes Geschenk – in erster Linie für einen selbst. ■

## Praxistipps

- **Überlege:** Welche Verhaltensweisen eines anderen Menschen stören dich schon lange? Sprich es an und kläre die Sache mit ihm.

- **Notiere:** Schreib dir auf, wo jemand dir etwas angetan hat und in welcher Form du Ausgleich von ihm erwartest. Überlege, ob du darauf verzichten willst.

## Buchtipps

- Kerstin Hack: *Vergeben lernen. Die Kunst, innerlich frei zu leben.* Down to Earth, 2010.

- Gary Chapman: *Die fünf Sprachen des Verzeihens. Die Kunst, wieder zueinander zu finden.* Francke-Buchhandlung, 2010.

- Michael Cöllen: *Das Verzeihen in der Liebe. Wie Paare neue Nähe finden.* Kreuz, 2009.

## Vergebung

Nichts belastet so schwer, wie nicht vergeben können. Nichts ist so schlimm, wie Tag und Nacht leben zu müssen mit dem scharfen Stein von Wut und Hass im Herzen.

Wo Verbundenheit herrschte, besteht nun ein Bruch. Aus Freundschaft ist Feindschaft geworden, aus Liebe Hass. Du leidest darunter.
Du fühlst dich wie in einem Gefängnis.
Die Rollläden sind heruntergegangen, alles ist zu. (...)
Die Sonne bleibt draußen. Das Leben wird bleischwer.
Im Tiefsten deines Herzens sehnst du dich nach Befreiung (...)

Es gibt nur einen einzigen Weg, (...): Vergebung! Vergib! Das kostet sehr viel, aber es ist den Preis wert. Vergeben ist etwas Schöpferisches. Vergeben heißt, neues Leben wecken und neue Freude. (...)

Du musst oftmals vergeben und darfst nie zählen wie oft. Vergib sieben mal siebzig Mal, das heißt unendlich, denn selbst hast du doch auch so viel Vergebung nötig.

Text: Phil Bosmans, aus: Leben jeden Tag. Herder, 1999.

# Wahrnehmen

## Einander sehen und spüren

*Sehen ist anders, als erzählt bekommen. —Kenianisches Sprichwort*

■ Liebe beginnt mit dem Sehen. »Liebe auf den ersten Blick« ist immer noch das Ideal vieler Menschen. Es ist ein Traum – einen Menschen zu sehen und zu wissen: Das ist der/die Richtige. Der Traum bleibt bestehen – auch wenn die Realität belegt, dass dieses Phänomen reichlich selten ist. Die wenigsten Menschen verlieben sich wie vom Blitz getroffen. Bei der Mehrzahl der Erdenbürger wächst die Liebe – fast unmerklich wie ein Same, der irgendwann aus der Verborgenheit an die Oberfläche kommt und sichtbar wird. Plötzlich merkt man: Ohne den anderen will ich nicht mehr sein.

Man sieht in dem anderen etwas Einzigartiges, Besonderes, Wunderbares. Man sieht ihn, nimmt ihn wahr. Schaut einander tief in die Augen. Und entdeckt darin unendlich viele Kostbarkeiten.

Doch häufig beginnt auch der Tod der Liebe damit, dass man einander nicht mehr mit liebenden Augen betrachtet. Man übersieht das Besondere am anderen, das einen einst fasziniert und begeistert hat. Und sieht nur noch die Dinge, die man als störend, nervig und belastend empfindet: die kleinen Fettpolster oder die schlechten Angewohnheiten.

## Wahrnehmen

Es stimmt: Man kann nicht beeinflussen, was man sieht. Doch man kann entscheiden, wohin man blickt. Deshalb lassen sich viele Paartherapeuten erst einmal die Liebesgeschichte eines Paares erzählen, bevor sie sich den Problemen zuwenden. Wenn man sich an das erinnert, was einen am anderen einst fasziniert hat, gewinnt man automatisch Kraft, die aktuellen Herausforderungen anzugehen.

Wahrnehmen und Annehmen hängen eng miteinander zusammen. Wer wahrnimmt, wie der andere tatsächlich ist, kann ihn auch als den, der er jetzt ist, annehmen. Das schließt auch den Wandel mit ein, den ein Mensch und ein Paar im Lauf der Zeit erfahren. Man braucht nur die Bilder von früher zu betrachten, um schnell zu erkennen: So wie damals sind wir nicht mehr. Doch es haben sich nicht nur Frisuren, Kleidungsstile und vielleicht auch die Kilos auf der Waage verändert. Einschneidender sind die persönlichen Entwicklungen.

Hier kann es Paaren gut tun, gelegentlich Bilanz zu ziehen und zu fragen: Wie habe ich mich in der vergangenen Zeit verändert? Und du? Und wir? Es kann faszinierend sein, zu entdecken, was sich im Lauf der Zeit entwickelt hat, wie etwa aus dem schüchternen Mädchen eine selbstbewusste Frau geworden ist. Oder aus dem umtriebigen Mann jemand, der auch Gemütlichkeit zu schätzen weiß. Wenn man neu sieht, wie der andere jetzt ist, kann man ihn neu annehmen, wahrnehmen und wieder ganz neu lieben. ■

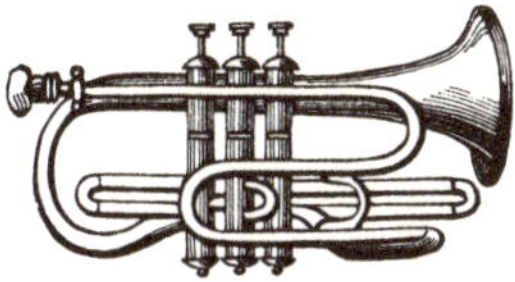

## Praxistipps

- **Überlege:** Wie hast du dich in den letzten Jahren verändert? Und dein Partner? Was sind die größten Unterschiede zu früher?

- **Hinsehen:** Nimm dir Zeit, etwas oder jemanden ganz bewusst wahrzunehmen, indem du hinsiehst, fühlst, riechst oder tastest.

- **Zeit:** Nehmt euch Zeit, einander wahrzunehmen. Beschreibt, was ihr am anderen seht – äußerlich, aber auch innerlich.

## Buchtipp

- Beate Handler: *Mit allen Sinnen leben. Tägliches Genusstraining*. Goldegg, 2010.

## Glanz deiner Augen

Zuerst
habe ich mich verliebt
in den Glanz deiner Augen
in dein Lachen
in deine Lebensfreude

Jetzt
liebe ich auch dein Weinen
und deine Lebensangst
und die Hilflosigkeit in deinen Augen

Aber
gegen die Angst
will ich dir helfen
denn meine Lebensfreude
ist noch immer der Glanz deiner Augen

Text: Erich Fried

# X-X und X-Y

Umgang mit Unterschieden

*Gleich und gleich gesellt sich gern.*
*Gegensätze ziehen sich an. —Sprichwörter*

■ In meinem Badezimmer liegt – zur Erheiterung aller Besucher – ein Buch, das aus Sicht der Frauen den perfekten Mann darstellt. Auf dem Titelbild ein Mann, der mit dem Staubsauger auch noch in die letzten Ecken geht. Im Buch dann Männer, die nicht nur perfekte Körper haben, sondern auch noch exzellente Zuhörer sind, gerne putzen und einkaufen, stundenlang kuscheln, begeistert Beziehungsbücher lesen, lieber zum Bastelmarkt als auf den Fußballplatz gehen und – mein Favorit – ohne zu zögern nach dem Weg fragen, wenn sie sich verfahren haben.
Im Grunde wird in diesem Buch der Traum von Frauen dargestellt, Männer mögen mehr so sein wie sie selbst. »Ach, wären Männer doch nur so einfühlsam wie Frauen«, seufzt sehnsuchtsvoll manche Frau. »Wären Frauen nur weniger kompliziert«, stöhnen genervt manche Männer – ich erlaube mir hier mal, ein paar Klischees zu bedienen. Kurz: Man wünscht sich, der andere wäre mehr wie man selbst – ach, wäre das schön! Oder vielleicht doch nicht? Was wäre denn, wenn es tatsächlich so wäre? Wenn wir alle ziemlich gleich wären? Es wäre vielleicht einfacher. Aber auch viel langweiliger. Und viel begrenzter.

# X-X und X-Y

Die schönste Erklärung für den Sinn der Unterschiedlichkeit habe ich einmal von Pastor Timothy Keller gehört, der sinngemäß sagte: »Ich bin seit über dreißig Jahren mit meiner Frau verheiratet. Ich kenne sie so gut, dass ich in fast jeder Situation weiß: Hier würde sie so handeln und ich so. Dann kann ich überlegen: Was wäre wohl besser? So stehen mir in jeder Situation mindestens zwei Handlungsoptionen zur Verfügung. Das stärkt mein Leben ungemein.«

Es bereichert das Leben, wenn man mehr Möglichkeiten sieht und hat als nur die eigene. Und in einer Partnerschaft zu leben, ist eine der besten Gelegenheiten, verschiedene Varianten zu entdecken. Ja, es kostet auch Kraft, sich mit der Unterschiedlichkeit auseinanderzusetzen – doch wenn dieser Prozess gelingt, erweitern sich Kapazitäten und Horizonte.

Zu groß sollten die Unterschiede jedoch nicht sein. Es stimmt zwar, dass Menschen, die uns sehr unähnlich sind, häufig besonders faszinierend auf uns wirken. Am besten lebt es sich nach Untersuchungen vieler Beziehungsforscher aber doch mit Zeitgenossen, mit denen man viele Überschneidungen hat.

Es ist ein bisschen so wie beim Besuch von Möbelhäusern. Wenn ich durch die stilvollen Räume schreite, dann faszinieren mich oft die Einrichtungen am stärksten, die sich am meisten von meinem Stil unterscheiden. Doch leben will ich letztlich doch am liebsten in und mit dem, was mir am meisten entspricht. ■

## Praxistipps

- **Beobachte:** Welche Menschen faszinieren dich und ziehen dich an? Bei welchen Menschen fühlst du dich auf Dauer wohl?
- **Experiment:** Gehe in ein Möbelhaus. Schaue dir die Räume an. Was fasziniert dich? Was sagt das über dich aus?
- **Austausch:** Rede mal mit Freunden über Paare in eurem Bekanntenkreis oder sprich direkt mit ihnen. Welche Gemeinsamkeiten entdeckt ihr, welche Unterschiede?

## Buchtipps

- Eva-Maria Zurhorst: *Liebe dich selbst – und freu dich auf die nächste Krise.* Arkana HC, 2007.
- Eva-Maria Zurhorst: *Beziehungsglück. Wie »Liebe dich selbst« im Alltag funktioniert.* Gräfe und Unzer, 2010 – mit DVD.

# X-X und X-Y

## Unterschiede aushalten

Der Wunsch, einander näherzukommen, schließt die Notwendigkeit ein, Grenzen wahrzunehmen und Unterschiede auszuhalten.

Begegnungen können gelingen, wenn sich die Beteiligten selbst infrage stellen lassen und sich auf neue Vorstellungen von der Welt und von sich einlassen.

Wenn sie zu einem Perspektivwechsel bereit sind und versuchen, die Welt auch mit den Augen der anderen zu sehen, ohne sich selbst dabei zu verleugnen.

Text: Dr. Christian Staffa, aus: »7 Wochen ohne«-Kalender, 2010.

# Yes, we can!

## Der Glaube an das Mögliche

*Tu erst das Notwendige, dann das Mögliche und plötzlich schaffst du das Unmögliche. —Franz von Assisi*

■ Ich gebe es zu: Es nervt mich, wenn bei der Hochzeit von Prominenten gleich spekuliert wird, wann denn die Scheidung ansteht. Nicht zuletzt deshalb, weil ich aus meiner Erfahrung als Coach weiß, dass die Frage, ob man etwas schaffen wird, nie weiterhilft. Ob man es geschafft hat oder nicht – das kann nur die Zukunft zeigen.

Während ich dies schreibe, hinke ich dem Zeitplan für dieses Buch zehn Tage hinterher. Wir haben aus verschiedenen praktischen Gründen eine sehr enge Zeitschiene. Doch ich frage mich keinen Moment lang, ob ich es schaffe. Ich frage mich nur eines: Wie? Das ist eine Frage, die weiterhilft, die dazu beiträgt, Lösungen zu entdecken. In meinem Fall: Arbeit an andere zu delegieren, meine produktivsten Zeiten zum Schreiben freizuhalten. Und dann zu tun, was möglich ist. Und an das (fast) Unmögliche zu glauben.

Nein, ich glaube nicht, dass alle Menschen es irgendwie miteinander schaffen könnten. Manchen Menschen würde ich nicht raten, zu heiraten, wenn die Unterschiede zu groß sind oder einer oder beide erhebliche Charakterschwächen aufweisen. Da mag es besser sein, den Weg nicht miteinander zu gehen.

Doch jedes Paar, das sich für einen gemeinsamen Weg entscheidet, braucht das Vertrauen, dass sie es miteinander schaffen können. Millionen Menschen haben es vor ihnen geschafft – warum nicht auch sie? Gelegentlich denkt man vielleicht, dass man es mit einem anderen Partner als dem gewählten leichter hätte. Natürlich ist das Gras auf der anderen Seite des Zaunes grüner und die Blumen sind leuchtender. Doch wenn man erst mal über den Zaun gestiegen ist, stellt man fest, dass es auch dort Dornen und Kuhfladen gibt, in die man treten kann. Oder wie es – sehr überspitzt – auf einer Postkarte stand: »Die Männer sind ohnehin alle gleich, also kann man auch bei dem bleiben, den man hat.«
Mit einem anderen Partner wird es nicht besser – man wird wieder nur auf einen Menschen treffen, dessen Stärken einen begeistern und dessen Schwächen einen verletzen. Also kann man auch bei dem bleiben, den man gewählt hat, und miteinander das Beste aus dem gemeinsamen Leben machen.
Ja, wir kriegen das hin. Nicht naiv, sondern mit einer gesunden Portion Selbst- und Gottvertrauen. Ja, wir glauben, dass wir es miteinander schaffen können. Wir freuen uns am Leben zu zweit. Und wenn wir auf Schwierigkeiten stoßen, dann fragen wir uns nicht, ob wir sie bewältigen können, sondern wie. Und dann packen wir an und suchen nach Lösungen. Denn die Antwort auf die Frage nach dem »Ob« ist klar: Ja, wir kriegen das hin. Yes, we can! ■

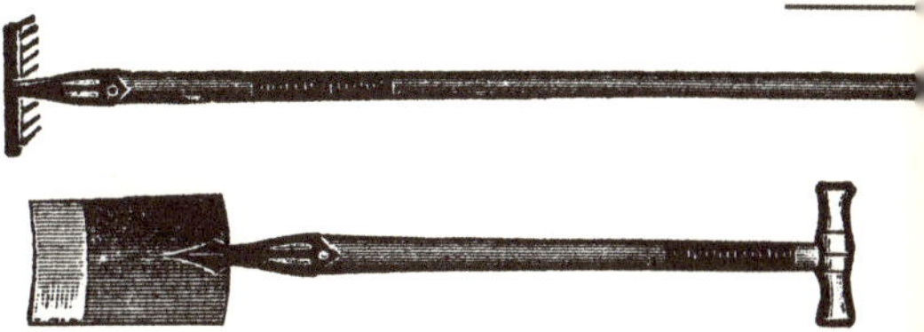

## Praxistipps

- **Überlege:** Welche Paare kennst du, die Schwierigkeiten, die sie miteinander oder im Leben hatten, gemeistert haben? Wie haben sie das gemacht?

- **Notizen:** Schreibe mindestens 20 Dinge auf, die dir Sicherheit geben, dass ihr es miteinander schaffen könnt.

- **Anpacken:** Welches große oder kleine Problem habt ihr noch nicht gelöst? Packt es an.

## Buchtipps

- Stephen Kendrick: *40 Tage Liebe wagen. Eine Anleitung, wie du deine Partnerschaft positiv verändern kannst.* Buch und Trainingskurs. Luqs, 2010.

- Sarah Litvinoff: *Gemeinsam durch dick und dünn.* MvG, 2002.

### Bund zweier treuer Herzen

Nichts kann den Bund zwei treuer Herzen hindern,
Die wahrhaft gleichgestimmt. Lieb' ist nicht Liebe,
Die Trennung oder Wechsel könnte mindern,
Die nicht unwandelbar im Wandel bliebe.

O nein! Sie ist ein ewig festes Ziel,
Das unerschüttert bleibt in Sturm und Wogen,
Ein Stern für jeder irren Barke Kiel, –
Kein Höhenmaß hat seinen Werth erwogen.

Lieb' ist kein Narr der Zeit, ob Rosenmunde
Und Wangen auch verblühn im Lauf der Zeit –
Sie aber wechselt nicht mit Tag und Stunde,
Ihr Ziel ist endlos, wie die Ewigkeit.

Wenn dies bei mir als Irrthum sich ergiebt,
So schrieb ich nie, hat nie ein Mann geliebt.

Text: William Shakespeare, Sonett 116
Übersetzung von Friedrich Bodenstedt (1866)

## Zukunftszeit

Ziele festlegen und auch erreichen.

*Wenn du nicht weißt, wohin du gehst, wirst du garantiert woanders ankommen. —Laurence J. Peter*

■ Die Zukunft eurer Beziehung beginnt heute. Sie wird von dem geprägt sein, was ihr heute plant und tut. Es ist hilfreich, die Zukunft eurer Beziehung nicht allein dem Zufall zu überlassen, sondern zu überlegen, was euch wichtig ist. Das kostet Zeit, doch wer sie investiert, wird mit Lebensqualität belohnt.
Ihr könnt die verschiedenen Ebenen des Lebens betrachten und entscheiden, wie ihr sie gestalten wollt. Zunächst die Umgebung: In welchem Umfeld wollt ihr leben? Wie wünscht ihr euch eure Wohnung, eure Nachbarschaft und die weitere Umgebung? Dann könnt ihr überlegen, welchen Aktivitäten ihr gern nachgehen wollt – gemeinsam oder jeder für sich – und welche Fähigkeiten dazu nötig sind. Über manche verfügt ihr bereits, andere könnt ihr euch aneignen. Als nächstes könnt ihr überlegen, welche Werte euch wichtig sind und wie ihr sie umsetzen und ausleben wollt. Außerdem welche Rollen und Identitäten ihr füllen und gestalten möchtet. Und schließlich welchen Sinn euch das geben soll. Auf jede dieser Fragen könnt ihr eine ganze Reihe von Antworten finden und ihr steht vor der Aufgabe, Wege zu finden, die für beide Partner gut und stimmig sind.

## Zukunftszeit

Der gemeinsame Austausch schafft tiefere Verbindung und bringt euch der gewünschten Zukunft näher. Ein Paar wünscht sich vielleicht, im Alter auf einer spanischen Insel zu leben, Zeit füreinander, für Bücher und die Enkelkinder zu haben, weil ihnen das Zugehörigkeit schenkt. Dazu ist es nötig, Spanisch zu lernen und Ersparnisse anzulegen. Ein anderes Paar möchte vielleicht in naher Zukunft Pflegekinder aufnehmen, weil sie ihre Liebe mit hilfsbedürftigen Jugendlichen teilen möchten. Sie werden vielleicht die Wohnung umbauen und viele Formalitäten erledigen müssen.

Je klarer und detailgenauer euer Bild der erwünschten Zukunft ist, umso größer wird die Wahrscheinlichkeit, dass ihr dem nahe kommt. Das Leben wird noch genug Überraschungen parat haben. Dinge kommen häufig anders als geplant. Doch wer die gemeinsame Zukunft allein dem Zufall überlässt, wird mit Sicherheit nicht da ankommen, wo er es sich wünscht.

Auch die Qualität eurer Beziehung braucht ihr nicht dem Zufall überlassen. Jeder Mensch hat dieselben 24 Stunden pro Tag zur Verfügung. Vernünftige Menschen erkennen die Zeit als kostbar und unwiederbringlich. Sie achten darauf, womit sie ihre Zeit füllen. Das heißt nicht, dass ihr Zeitplan übervoll ist – im Gegenteil: Sie verzichten auf Aktivitäten, die kein Leben spenden. Und nehmen sich dann Zeit für das Wesentliche. Begegnung mit dem Partner, ein Essen zu zweit, das Genießen im Jetzt oder das Planen der gemeinsamen Zukunft. ■

## Praxistipps

- **Überlege:** Was wolltet ihr schon immer mal tun und habt es auf »später« verschoben? Überlegt, was dazu nötig wäre, es schon bald zu tun.
- **Träumen:** Erspinnt mal wieder Zukunftsträume. Was würdet ihr gerne noch zusammen tun, erleben, erreichen?
- **Delegiere:** Wenn dir Liebe wichtiger ist als Geld, gib Aufgaben ab – auch wenn es etwas kostet –, damit ihr mehr Zeit füreinander habt.

## Buchtipps

- Kerstin Hack: *Zukunftsfragen. Impulse, das Kommende zu gestalten.* Down to Earth, 2010.
- Matthias Horx: *Wie wir leben werden. Unsere Zukunft beginnt jetzt.* Piper, 2008.

## Selig die Zärtlichen

Selig, die aufmerksam sind und dem anderen zuhören;
Sie werden immer mehr zueinander gehören.
Selig, die eigene Schwächen akzeptieren und die des anderen zu verstehen suchen;
Sie werden Angst abbauen und Vertrauen gewinnen.
Selig, die über sich selbst lachen können;
Sie werden frei und gelöst mit anderen leben.
Selig, die sich immer mehr einfühlen in den anderen;
Ihre Liebe geht unter die Haut.
Selig, die sich öffnen für die Eigenarten des anderen;
Sie werden überrascht eine neue Welt wahrnehmen.
Selig, die sich trotz aller Enttäuschungen treu blieben;
Gott hält zu ihnen und schaut sie freundlich an.
Selig, die sich mit all ihren Sinnen liebkosen;
Im Reigen der Sinne ist Gott mit im Spiel.
Selig, die sich hingeben, um den Partner glücklich zu machen;
Sie werden dankbar seine Liebe spüren.
Gott liebt die Zärtlichen.
Er nimmt sie in Schutz wie ein guter Freund.

Autor unbekannt

# Anhang

Weiterführendes Material

## Bücher über die Liebe

Für inspirierende Lesestunden

*Leben heißt singen und lieben. —Paul Gauguin*

- Charlie W. Shedd: *Briefe an Karen.* Aussaat, 1996.
- Erich Fromm: *Die Kunst des Liebens.* Ullstein Taschenbuch, 2005.
- Eva-Maria & Wolfram Zurhorst: *Liebe dich selbst und freu dich auf die nächste Krise.* Goldmann Verlag, 2007.
- Eva-Maria Zurhorst: *Liebe dich selbst und es ist egal, wen du heiratest.* Goldmann, 2009.
- Frauke Bielefeldt: *Die Sache mit der Rippe.* Gerth Medien, 2007.
- Gabriele Stöger & Wilfried Reiter: *Alte Wunden heilen.* Orell Füssli Verlag, 2001.
- Gary Chapman & Jennifer Thomas: *Die fünf Sprachen des Verzeihens.* Francke-Buchhandlung, 2010.
- Gottfried Schröter & Gerhard Naujokat: *Liebe schwer und schön.* Weißes Kreuz, 1991.
- Janine Berg-Peer: *Sieben Schritte zur neuen Liebe.* Rowohlt 2010.
- Katja Sundermaier: *Der Beziehungsführerschein: Mit Simply Love auf Dauer glücklich.* Serie Piper, 2007.
- Lawrence J. Crabb: *Soul Talk – die Sprache des Herzens.* Brunnen Verlag, 2005.
- Matthias Oppermann: *Mit ganzem Herzen – systemische Wege aus der Beziehungslosigkeit.* Free Spirit Verlag, 2006.

# Bücher über die Liebe


- Michael Lukas Moeller: *Die Liebe ist das Kind der Freiheit*. Rororo, 1990.
- Michael Lukas Moeller: *Die Wahrheit beginnt zu zweit: Das Paar im Gespräch*. Rororo, 1992.
- Mike Mason: *Das Geheimnis der Ehe*. Brockhaus, 2001.
- Reinhold Ruthe: *Pfeffer und Salz. Unterschiede würzen die Partnerschaft*. SCM Hänssler, 2006.
- Stephen & Alex Kendrick: *40 Tage Liebe wagen*. Luqs, 2010.
- Stephen R. Covey: *Die 7 Wege zur Effektivität für Familien*. GABAL-Verlag, 2007.
- Theo Schoenaker: *Die kreative Partnerschaft: Das 3-Faktoren-Modell*. RDI-Verlag, 2005.
- Walter Toman: *Familienkonstellationen – Ihr Einfluss auf den Menschen*. C.H. Beck, 1991.
- Willard F. Harley: *Meine Wünsche deine Wünsche: Die Bedürfnisse des Ehepartners erkennen und erfüllen*. Verlag Gerth Medien, 2009.

## Die schönsten Liebesromane

Fürs Eintauchen in eine romantische Welt

*Der nur liebt dich, bei dem du dich schwach zeigen kannst, ohne Stärke zu provozieren. —Theodor W. Adorno*

- Anna Gavalda: *Zusammen ist man weniger allein.* Hanser, 2004.
- Audrey Niffenegger: *Die Frau des Zeitreisenden.* Fischer Tb., 2006.
- Bodo Kirchhoff: *Infanta.* Deutscher Taschenbuch Verlag, 2011.
- Dai Sijie: *Balzak und die kleine chinesische Schneiderin.* Piper Taschenbuch, 2003.
- E.M. Forster: *Zimmer mit Aussicht.* Fischer, 2005.
- Eric G. Wilson: *Liebe braucht Helden.* Luqs, 2010.
- Erich Segal: *Love Story.* Fischer Tb., 2004.
- Gabriel Barylli: *Alles was du suchst.* Fischer (Tb.), 2006.
- Hanns-Joseph Ortheil: *Die große Liebe.* btv, 2005.
- Jane Austen: *Emma.* Deutscher Taschenbuch Verlag, 2005.
- Johann Wolfgang von Goethe: *Die Leiden des jungen Werthers.* Goldmann, 1985.
- Kurban Saied: *Ali und Nino.* List Taschenbuch, 2002.
- Marc Levy: *So lange du da bist.* Aufbau, 2002.
- Margaret Mitchell: *Vom Winde verweht.* Ullstein Taschenbuch, 2004.
- Nicholas Sparks: *Wie ein einziger Tag.* Heyne, 2004.
- Orhan Pamuk: *Rot ist mein Name.* Fischer, 2003.

- Ruth Schiel: *Hochzeit in Tibet*. SCM R. Brockhaus, 2002.
- Sheldon Vanauken & C.S. Lewis: *Eine harte Gnade*. Brunnen-Verlag, 1996.
- Siba Shakib: *Samira und Samir*. C. Bertelsmann, 2003.
- William Shakespeare: *Romeo und Julia*. Goldmann, 1999.

# Die schönsten Liebesfilme

Eine ganz subjektive Auswahl

*Dort, wo man liebt, wird es niemals Nacht.*
*—Afrikanisches Sprichwort*

- *Bodyguard*
  Regie: Mick Jackson. Kasdan Pictures, 1992.
- *Bridget Jones – Schokolade zum Frühstück*
  Regie: Sharon Maguire. Little Bird, 2001.
- *Briefe an Julia*
  Regie: Gary Winick. Summit Entertainment, 2010.
- *Darf ich bitten?*
  Regie: Peter Chelsom. Miramax Films, 2004.
- *Das Haus am See*
  Regie: Alejandro Agresti. Warner Bros. Pictures, 2006.
- *Der Klang des Herzens*
  Regie: Kirsten Sheridan. Warner Bros. Pictures,2007.
- *Die Braut, die sich nicht traut*
  Regie: Garry Marshall. Paramount Pictures, 1999.
- *Ein Chef zum Verlieben*
  Regie: Marc Lawrence. Castle Rock Entertainment, 2002.
- *Fireproof*
  Regie: Alex Kendrick. Samuel Goldwyn Films, 2008.
- *Frau mit Hund sucht Mann mit Herz*
  Regie: Gary David Goldberg. Warner Bros. Pictures, 2005.
- *Glauben ist alles*
  Regie: Edward Norton. Spyglass Entertainment, 2000.

- *Ich heirate eine Familie (TV-Serie)*
  Regie: Peter Weck. Novafilm Fernsehproduktion, 1983.
- *Notting Hill*
  Regie: Roger Michell. Polygram Filmed Entertainment, 1999.
- *Nur mit Dir*
  Regie: Adam Shankman. Warner Bros. Pictures, 2002.
- *Pretty Woman*
  Regie: Garry Marshall. Touchstone Pictures, 1990.
- *Schlaflos in Seattle*
  Regie: Nora Ephron. TriStar Pictures, 1993.
- *Stolz und Vorurteil*
  Regie: Joe Wright. Focus Features, 2005.
- *Sweet Home Alabama – Liebe auf Umwegen*
  Regie: Andy Tennant. Touchstone Pictures, 2002.
- *Titanic*
  Regie: James Cameron. Twentieth Century Fox, 1997.
- *Ulzhan – das vergessene Licht*
  Regie: Volker Schlöndorff. Bayerischer Rundfunk, 2007.
- *Viel Lärm um nichts*
  Regie: Kenneth Branagh. British Broadcasting Corporation, 1993.
- *Während du schliefst*
  Regie: Jon Turteltaub. Caravan Pictures, 1995.

## Was meine Liebe stärkt

1000 Schritte zum großen Ziel

*Liebe ist gemeinsame Freude an der wechselseitigen Unvollkommenheit. —Ludwig Börne*

### ■ Allgemein

Folgendes ist mir für unsere Liebe wichtig:

### ■ Erinnerungen

Das hat unsere Liebe groß und stark gemacht:

### ■ Unsere wichtigsten Aktivitäten

Diese Tätigkeiten spenden unserer Liebe Kraft:

# Was meine Liebe stärkt

## ■ Werte

Diese Werte sind für mich zentral für liebevolles Miteinander:

## ■ Meine größten Stärken

Hiermit kann ich zum Gedeihen unserer Liebe beitragen:

■ Das soll so bleiben, wie es ist, weil es gut ist:

■ Das möchte ich verändern, weil es besser werden könnte:

**Tipp:** Gegebenenfalls Zieldatum dazu schreiben.

# Was meine Liebe stärkt

**■ Weiterentwicklung**

Meine Ziele für die Entwicklung unserer Beziehung:

**■ Unsere Verbündeten**

Wer uns helfen könnte, diese Ziele zu erreichen:

# Die Autorin

**Kerstin Hack**

Alles, was man teilen kann, vermehrt sich. Es gehört zu meinen Lebensgrundsätzen, dass ich das, was ich als hilfreich erfahren habe, gerne mit anderen teile. Kurze Gedanken und Inspirationen auf Facebook und via Twitter.

Ausführlicheres auf meinem Blog und in meinen Büchern. Und natürlich in Vorträgen und Seminaren.

www.kerstinhack.de
www.kerstinpur.de – Blog
www.facebook.com/KerstinAHack
www.twitter.com/berlintutgut

Weil Kommunikation keine Einbahnstraße ist, freue ich mich über Anregungen, Feedback und Kommentare: info@kerstinhack.de.

# Das Team

Wer hinter diesem Buch steht

**Die Mitwirkenden**

Auch wenn der Name Kerstin Hack auf dem Buch steht, so ist es doch ein Gemeinschaftswerk. Stefanie Liebig, Esther Sommerfeld und Andrea Specht haben bei der Auswahl und Zusammenstellung der Texte mitgewirkt, Quellen recherchiert sowie Sprache und Rechtschreibung in Form gebracht.
Die Grafik und Gestaltung stammt aus der Hand und dem Computer von Michael Zimmermann.

Viele Buch- und Filmtipps stammen von Freunden und Lesern. Herzlichen Dank.

**Down to Earth Verlag**

Der Name des im Jahr 2000 gegründeten Verlags ist Programm. Er bedeutet »vom Himmel auf die Erde«. Der Verlag will inspirieren und Menschen ganz praktisch beim Leben helfen.
Besonders beliebt sind die Impulshefte und Quadros. Sie fassen Wichtiges zu zentralen Lebensthemen kurz und prägnant zusammen und helfen beim Einüben. Der Verlag bietet zu vielen Themen, die er publiziert, auch E-Books, Seminare und Workshops an. Damit es nicht bei der Theorie bleibt, sondern das Gelernte auch umgesetzt wird. **www.down-to-earth.de**

# Notizen

Meine Gedanken und Erfahrungen

*Einen Menschen lieben heißt einzuwilligen, mit ihm alt zu werden. —Albert Camus*

*Sex löst Spannungen. Liebe ruft sie hervor.*
*—Woody Allen*

*Man ist ziemlich verrückt, wenn man verliebt ist. —Sigmund Freud*

*Heißt Liebe nicht, ein Leben lang nach Alternativen suchen? —Leanne Payne*

*Liebe: Auch so ein Problem, das Marx nicht gelöst hat. —Jean Anouilh*

*Ich liebe dich nicht nur für das, wer du bist, sondern für das, wer ich bin, wenn ich mit dir zusammen bin. —Elizabeth Barrett Browning*

*Liebeserklärung: Du bist nur mit knapper Not einem Märchen entronnen. —Beat Rink*

*Lieben ist ein größeres Abenteuer als eine Weltumsegelung.*
*—Autor unbekannt*